AF276847

Daniel J. Urkía

El Mapa del Tesoro

DE LA EXPERIENCIA DEL YO
A LA EXPERIENCIA DEL AMOR

MANAKEL

Diseño de portada: Danjurk
Fotografía: Javier Marven

© Daniel Jiménez Urquía
danjurk73@gmail.com

© 2004 Ed. Dilema (Primera edición)
© 2025 Ed. Dilema (Segunda edición ampliada)

Editorial Dilema
C/ Ibáñez Marín, 11 (Local) - 28019 Madrid.
91 548 09 54
info@editorialdilema.com
editorialdilema.com

ISBN: 978-84-9827-694-7
Depósito legal: M-7339-2005

ÍNDICE

Cada momento tiene su transparencia
Cada transparencia tiene su momento

PRÓLOGO
SEGUNDA EDICIÓN (2025)

Veinte años después…

Corría el año 1998 cuando empecé a escribir lo que en aquel momento no sabía que llegaría a ser un libro. Entonces tenía yo veinticinco años y lo de escribir venía siendo una constante en mi vida desde hacía tiempo, principalmente poesía y algún relato corto pero, sobre todo, mis propias reflexiones a modo de liberadora terapia o continua catarsis, en parte por la urgente e irremediable necesidad de expresarme y en parte por ordenar sobre el papel mis ideas y pensamientos en torno a muy diversos temas que finalmente demostraron tener un hilo conductor en el trazado de una especie de mapa en el que poder ubicarme.

En 2001 se publicó lo que podría considerarse la versión cero de este mapa, un pequeño libro ilustrado que liberé en mi entorno más cercano, el germen o primer borrador de lo que tres años después, en 2004, sería la revisada y ampliada primera edición de este libro. No obstante, los temas sobre los que trataba siguieron acompañándome y continué escribiendo, tirando con el tiempo de los hilos sueltos que durante años fui advirtiendo en ese mapa, como si el propio libro en mi cabeza fuera señalándome de a poco esos hilos e invitándome secretamente a tirar de ellos. Durante estos años, el libro ha ido creciendo a mi lado, madurando juntos, dialogando conmigo, susurrándome con renovada validez y hasta el día de hoy fragmentos de sus páginas en forma de mensajes o secretas notas escritas que por sorpresa aparecen en el bolsillo de los momentos que inesperadamente lo requieren.

Han pasado ya veinte años desde que se publicó en 2004 aquella primera edición con la que he mantenido tan especial relación durante todo este tiempo y es precisamente esa relación lo que justifica hoy esta nueva publicación del libro, una nueva edición que conserva mucho de la anterior y la completa ampliándola sin perder su esencia. Como ya he dicho, se trata de un libro vivo que ha ido creciendo conmigo desde que empezó a gestarse a finales de los 90, un mapa que conserva su esquema o trazado original e intactas gran parte de sus líneas, impregnado de la frescura de mis veinticinco, publicado a mis treinta y uno, revisado hasta mis cuarenta y tantos, y vuelto a publicar a mis cincuenta y uno, limitándome en los últimos años a conversar con él sin leerlo, sin abrirlo siquiera, instalado en mi vida como un viejo amigo con el que conectas de base en la frecuencia de graves sobre la que suena todo lo demás.

Soy consciente del peculiar y en ocasiones abrupto torrente de ideas y conceptos en el que embarco al lector en lo que viene a ser un libro dibujado con palabras o un mapa escrito a pinceladas y brochazos por un artista plástico, con todo lo que conlleva, incluyendo el interés que esto pueda suscitar en lo relativo al enfoque de los temas que aborda. Ciertos libros dejan su poso en nuestras vidas y pasan a habitarnos de una u otra manera; este libro, este mapa, habita en mí y me acompaña a retazos, en esas secretas notas escritas que por sorpresa van apareciendo oportunamente en los bolsillos de los momentos que inesperadamente lo requieren. Este prólogo es mi manera de desear al lector esa experiencia.

Por otro lado, cabe decir que con el paso del tiempo y observando en la actualidad «este mundo que parece haber enloquecido», este libro, este mapa, podría incluirse hoy, metafóricamente hablando, entre los protocolos de emergencia que activar ante el nivel de alerta alcanzado por individualismo que impera en la sociedad. Este libro nos invita a abandonar el centro de nuestro particular horizonte, el barco de nuestra inconsciencia, a contemplar el océano en su infinitud sin limitar nuestras vidas a lo que de mar encierra el horizonte de cada uno.

PRESENTACIÓN

Cuando empecé a escribir estas líneas, lo que hacía era afrontar un ejercicio personal que me ayudase a digerir lo vivido. Por entonces, una serie de mágicas coincidencias hizo posible que disfrutara del tiempo y el espacio necesarios para llevarlo a cabo. Mientras escribía y todo iba tomando forma de libro, tuve la sensación de que ese tiempo y ese espacio constituían un privilegio cuyos beneficios debía de hacer extensibles a otros y, de manera especial, a quienes directa o indirectamente habían participado en el trecho de mi vida que andaba exprimiendo. En realidad, si tuviese que dedicar este libro me lo dedicaría a mí mismo; no obstante, aquella sensación me empuja hoy a compartirlo, a dedicárnoslo a nosotros, a ti, a mí y a todos los que, como tú y como yo, tengan a bien pasear estas líneas.

La Isla del Tesoro

De entrada, un mapa del tesoro no es tanto aquello que nos conduce allí dónde se esconde el tesoro como la tinta del papel en el que hemos de empezar por señalar nuestra posición. Este libro parte de la idea de que todos navegamos un mismo y único océano infinito trazando rumbos sin detenernos a ver dónde estamos; un océano sometido en cada caso a los límites de nuestra percepción, al alcance y al enfoque de nuestros catalejos; un océano que cada cual confunde con lo que de mar encierra su particular horizonte. Este libro aborda y analiza todo lo que conlleva detenernos a ver dónde estamos, proponiendo al lector lo que Krishnamurti llamaría un «pensar juntos»: «Juntos observamos esto como dos amigos que se conocen desde hace tiempo y que no se interesan sólo por sus vidas privadas sino que están mirando juntos este mundo que parece haber enloquecido».

Por horizonte entendemos «la línea aparente que limita la superficie terrestre que alcanza la vista del observador»; en alta mar, una circunferencia de la que cada cual es centro como el milimétrico agujero que siempre deja en el papel la fina punta metálica del compás. El círculo que recorta esa circunferencia, o lo que de mar encierra el horizonte de cada uno, resulta ser un conjunto en el que todo gira en torno a uno mismo; un conjunto en el que cada cual somete al alcance y la óptica de su catalejo el océano infinito que todos navegamos, la realidad en la que vivimos; un conjunto que se corresponde con la propia realidad de cada uno, aquélla en la que creemos vivir ocupando el centro de nuestro particular horizonte. Ahora bien, ese centro no es sino uno de los infinitos puntos de una recta, la que constituye el eje en torno al cual gira nuestra percepción, un eje que imaginar como un haz de luz irradiado desde el centro de la Tierra en el que poder elevarnos para superar los límites de nuestro horizonte y contemplar el océano en su infinitud.

Todos navegamos un mismo y único océano infinito, sin embargo, instalados en el centro de nuestro particular horizonte nos negamos la oportunidad de descubrirlo. Atrapados en el barco de nuestra inconsciencia, sin atender a ese haz de luz que nos eleva por encima de nosotros mismos, nos condenamos a navegar ese océano infinito confundiéndolo con lo que de mar encierra nuestro particular horizonte; no obstante, como una gaviota que fuera posándose de barco en barco anunciando la proximidad de un puerto, a todos nos sobrevuela el sueño de otra realidad, un sueño en el que avistamos esa realidad como una radiante isla del tesoro. Tarde o temprano, de una u otra manera, en todo barco se posa esa gaviota, a todos nos llega ese sueño, aunque la mayoría de las veces pase desapercibido o no se le dé trascendencia alguna. En los casos en que el sueño logra calar en nosotros, al ver aparecer esa isla en nuestro horizonte solemos poner rumbo a ella ansiosos por apropiarnos de un tesoro que imaginamos de mil maneras. Instalados en el centro de nuestro particular horizonte avanzamos hacia la isla sin que la distancia que de ella nos separa parezca acortarse, como si la isla se moviera con nosotros, en la línea del horizonte, conservando en todo momento su posición respecto a nuestro barco. La isla no deja de verse nublada en nuestros catalejos y perseveramos en el propósito de alcanzarla hasta que el tesoro soñado termina por desvanecerse en el propio sueño y, agotados, despertamos del mismo sin darle sentido o credibilidad. Sólo podrá creer en ese sueño quien lo afronte a la altura que le es propia, a la altura de los sueños, por encima de uno mismo; quien divise el océano superando los límites de su propio horizonte. Cuando esto ocurre, despertamos a otra realidad y surge en nosotros la necesidad de parar, de anclar el barco y detenernos a ver dónde estamos.

PRIMERA PARTE

Diario de a bordo

«Nuestra finalidad es descubrir que siempre hemos estado donde deberíamos estar, por desdicha nos hacemos muy difícil la tarea.»

Aldous Huxley

ANCLADO EN MAR ABIERTO

«La idea de que la renuncia era la forma de religión más elevada me atraía profundamente.»

Gandhi

Hace tiempo llegó a mis oídos la historia de un hombre que vivía encerrado en un mundo aparte a los ojos de los humanos miembros de su entorno quienes no podían entenderlo como una elección personal sino, más bien, como la imposición de unas circunstancias que hablaban de soledad. Un veinticuatro de diciembre, festividad en la que muchos se ven arrastrados a dar repentinas muestras de caridad, alguien se acercó a su puerta y tratando de paliar su aparente desdicha le invitó a unirse a su familia en una cena tan señalada. Hasta aquel día nunca se le habían presentado alternativas a su forma de vida pero con esta invitación se abría ante él una puerta ofreciéndole la oportunidad de cerrarla, la oportunidad de acoger su mundo aparte como una experiencia elegida, y eso fue lo que hizo, rechazó la invitación mostrándose enormemente agradecido sin que su vecino llegara a comprender la intensidad de aquel encuentro.

Hubo un momento en mi vida en el que se anunció con inusitada claridad un final de trayecto que me obligaba a bajar del tren; una estación en la que apearme de una realidad a la medida de mi particular horizonte; un cancelar todos los rumbos posibles anclando mi barco en mar abierto; un llamamiento a permanecer dentro de mí renunciando a todo lo que venía aconteciendo fuera; un punto y aparte desde el que lanzarme al blanco del papel tras un extenso y ruidoso párrafo. Una vez tomada esa decisión no dejaron de llegarme tiques de vuelta a aquel párrafo y cada uno de ellos llegaba como esa invitación para la noche de Navidad, una invitación que, al presentarse, me ofrecía la oportunidad de rechazarla, la oportunidad de permanecer dentro de otra manera. Cada vez que sonaba mi puerta se activaba en mí una tensión entre lo que dejaba atrás y mi salto al vacío, una tensión que no tardó en disolverse ante la luz que me permitió ver cómo hasta aquel momento veinticinco años de mi vida habían servido para emborronar un lienzo en blanco antes inadvertido. Y así, anclado en mar abierto, surgió el trazado de este peculiar mapa del tesoro en un esfuerzo por hacer algo más fácil la dificultada tarea de «descubrir que siempre hemos estado donde deberíamos estar».

NUESTRA REALIDAD

A lo largo de siglos de evolución, los seres vivos, entre los que hoy podemos contarnos, han ido adaptándose a la realidad de su entorno, bien a través de transformaciones fisiológicas o bien desarrollando específicamente algunas de sus facultades. Sin duda, la facultad que el ser humano más ha desarrollado ha sido la de adquirir conocimientos, y esto fue lo que nos llevó a dejar de adaptarnos a una realidad de la que somos parte como elementos de un conjunto para adaptar esa realidad a nosotros mismos. De entrada, esto puede parecernos una ventaja si pensamos, por ejemplo, en la enorme fuente de recursos en que pudimos convertir el planeta, pero surge como inconveniente a la hora de valorar cómo hemos ido dinamitando esa fuente; surge como inconveniente si pensamos que, a fin de cuentas, lo que trajo consigo el desarrollo de esa facultad no fue la capacidad de adaptarnos a la realidad en la que vivimos sino la de someterla a nuestra propia realidad de conocimientos.

Desde que el hombre es hombre estamos entregados de manera insaciable al propósito de conocer y este afán ha hecho que dividamos todo lo que de algún modo nos concierne entre *lo conocido* y lo desconocido. *Lo conocido* sería la suma de los conocimientos con los que el ser humano edifica su propia realidad mientras que lo desconocido sería la antesala de *lo conocido*, todo aquello que aún no ha sido sometido al conocimiento humano pero que en su misma apreciación aparece ya abocado a ello. De este modo, podemos decir que vivimos atrapados en la realidad de *lo conocido*, una realidad en la que las cosas son sólo lo que de ellas conocemos, nada más. La realidad de *lo conocido*, *nuestra realidad*, es el resultado de someter el océano infinito que todos navegamos a la óptica de nuestros catalejos haciéndonos centro de ese océano reconstruido en nuestra mente a escala humana, resumiéndolo en lo que de mar encierra nuestro horizonte, en lo que de ese océano conocemos.

En *nuestra realidad*, los conocimientos se ordenan en torno a conceptos o palabras y forman estructuras mentales, archivos de información que definen de manera concreta lo que cada qué y cada quién es en esa realidad donde todo obedece a la estructura mental que nos permite conocerlo. Cuando lo que vemos ante nosotros es un delfín y no otra cosa, lo que hacemos es reconocer en ese ser la expresión de la estructura mental que nos hayamos formado en torno al concepto «delfín», es decir, lo que hacemos es sacar a ese ser del océano en el que vive y encerrarle en el acuario de nuestra mente. Ésta es la misión que cumplen nuestras estructuras mentales, hacer que todo pase a formar parte de la realidad de *lo conocido* en lo que de mar encierra nuestro particular horizonte. Algunos pueden empezar a ver en todo esto un mal de muchos en el que poder consolarse, sin embargo, aquí cada cual asume, o debiera asumir, el ser centro de su particular horizonte, aquí cada uno edifica su propia realidad de *lo conocido*. Por conocimientos se entienden tanto aquéllos que fruto de la experiencia de otros hacemos nuestros como los derivados de la propia experiencia directa de cada uno, y el caso es que unos y otros pasan a ser nuestros a través del filtro que representa cada individuo en sí mismo. Cuando hablo de *nuestra realidad* me refiero a la realidad de *lo conocido*, una realidad que surge distinta en la mente de cada uno, nuestra exclusiva realidad mental.

Por un lado, tendríamos la estructura mental que cada cual se haya formado en torno al concepto «delfín», un disfraz de delfín colgado en el armario de nuestra mente; por otro lado, en el océano infinito que todos navegamos tendríamos a ese ser que hemos decidido llamar «delfín» y convertir en tal pero que sin ese disfraz no lo sería; y, por último, en lo que de mar encierra nuestro particular horizonte, bajo la óptica de nuestros catalejos, tendríamos a ese ser disfrazado de delfín, o lo que es lo mismo, la expresión de la estructura mental que nos hayamos formado en torno al concepto «delfín», ese disfraz cobrando vida ante nosotros. Si apresuradamente nos atrevemos a decir que el concepto de «realidad» se refiere a aquello que experimentamos con nuestros sentidos, es decir, a aquello que percibimos, toca aclarar que la realidad de *lo conocido* no obedece a nuestras estructuras mentales en sí mismas sino a la expresión de éstas. El armario de nuestra mente es donde almacenamos los disfraces que conforman nuestras estructuras mentales pero donde verdaderamente asistimos a la realidad de *lo conocido* no es en dicho armario sino en el acuario de nuestra mente que se corresponde con la escenificación que hacemos con esos disfraces, la recreación que cada cual hace del océano infinito en lo que de mar encierra su propio horizonte, bajo la óptica de su catalejo, tirando cada cual de los disfraces de su propio armario. De este modo, la realidad de *lo conocido* se debe a la puesta en escena de nuestras estructuras mentales en lo que viene a ser el acuario de nuestra mente, el carnaval de nuestras mentales al que asistimos en lo que de mar encierra el propio horizonte de cada uno.

Al igual que sucede con el delfín, en *nuestra realidad* cada qué y cada quién pasa a vestir el disfraz de la estructura mental que le corresponda y le diferencie del resto, la que le adjudiquemos, y esto nos incluye a nosotros mismos; en el armario de nuestra mente también cuelga nuestro propio disfraz, la estructura mental del yo. En la realidad de *lo conocido*, el yo de cada uno no es sino la expresión de esa estructura mental, el personaje en el que nos reconocemos vistiendo ese disfraz en el acuario de nuestra mente. En *nuestra realidad*, todos nos metemos en esa piel, cada cual en la suya propia, y así nos relacionamos con los demás y con nosotros mismos, así interactuamos con el mundo. Vestidos del yo componemos nuestras estructuras mentales y edificamos la realidad de *lo conocido*, *nuestra realidad*; vestidos del yo señalamos al delfín como tal y disfrazamos todo cuanto nos rodea con nuestras estructuras mentales; vestidos del yo sentamos en nosotros la punta del compás y trazamos a nuestro alrededor un horizonte delimitando lo que de mar encierra. En definitiva, la realidad de *lo conocido*, *nuestra realidad*, es la realidad del yo en el que nos reconocemos ocupando el centro de nuestro particular horizonte, vistiendo el disfraz de su correspondiente estructura mental en el acuario de nuestra mente y, en este sentido, la experiencia que determina nuestras vidas en la realidad de *lo conocido* no es otra que *la experiencia del yo* que se corresponde con el fruto de lo aprendido y vivido ocupando el centro de nuestro particular horizonte, bajo la óptica de nuestros catalejos, siendo a su vez *la experiencia del yo* lo que condiciona esa óptica en lo que de mar encierra el propio horizonte de cada uno.

Son muchos los aspectos que intervienen en el origen y posterior consolidación de nuestras estructuras mentales. En cuanto a su origen, podríamos relacionarlo con ese momento en el que decimos que uno pasa a tener uso de razón, aunque tratando de ser más explícitos tendríamos que referirnos a la etapa de nuestras vidas en la que el lenguaje hace aparición conceptuándolo todo para llamar a las cosas «por su nombre». Ahora bien, de una en una, nuestras estructuras mentales no son sino los huesos de un esqueleto, las aisladas piezas de un puzle. El surgimiento de *nuestra realidad* se debe principalmente a nuestra capacidad de hacerlas interactuar: -Yo no soy un delfín-; la sintaxis y, en un sentido más amplio, el lenguaje, es lo que viene a confirmarnos en *nuestra realidad*, a hacerla efectiva en nuestras vidas. En este sentido, el carnaval de nuestras estructuras mentales al que ya me he referido anteriormente se correspondería con el carnaval que nuestro lenguaje celebra en lo de mar encierra nuestro particular horizonte, pero del lenguaje hablaremos detenidamente más adelante, de momento podemos pensar en cómo a través suyo establecemos un pasado, un presente y un futuro permitiéndonos recoger, aplicar y proyectar la herencia incesantemente acaudalada que en buena medida representa *lo conocido* en cada caso particular. Muchos de los conocimientos con los que componemos nuestras estructuras mentales, así como las relaciones que establecemos entre ellas y el propio modo de hacerlas interactuar se debe a esa herencia que a pesar de quedar siempre en manos de quien la recibe, sujeta en cada caso a *la experiencia del yo*, no deja de ser una herencia compartida que, de entrada, nos lleva a confundir *nuestra realidad* con una realidad común, una misma y única realidad de *lo conocido* en la que sentirnos acogidos. Y esto es un error de base que he sacado a relucir en muchas conversaciones recurriendo al siguiente ejemplo: Imaginemos un amigo común entre tú y yo; siendo el mismo, para ti será alguien distinto de quién sea para mí, esto está claro pero si nos detenemos a observar lo que implica descubriremos que ese hipotético amigo común pasa a formar parte de dos realidades, la tuya y la mía. Suponiendo que su nombre fuera Luis, tendríamos que hablar de tu Luis y de mi Luis en función de la estructura mental que le sostenga o vista en la realidad de cada uno; sin embargo, hablamos de él dando por hecho que hablamos de un mismo Luis. Advertir que la realidad de *lo conocido* es una realidad diferente en la mente de cada uno y sólo en apariencia una realidad común viene a ser la tarjeta de embarque que reclama este libro. Pensemos que, además, el no hacer tal distinción viene a ser la causa de todos los enfrentamientos entre los seres humanos, desde las pequeñas discusiones hasta las guerras, ya que constantemente y a todos los niveles nos referimos a distintas cosas creyendo hablar de lo mismo. Vestidos del yo, ocupando el centro de nuestro particular horizonte, cada cual somete el océano infinito que todos navegamos a la óptica de su propio catalejo y, de este modo, todo lo que se adentra en lo que de mar encierra ese horizonte pasa a habitar el acuario de nuestra mente según dicten las propias estructuras mentales de cada uno. En *nuestra realidad*, cada qué y cada quién, empezando por uno mismo, pasa a ser lo que a cada uno le parece de acuerdo a *lo conocido* y a *la experiencia del yo*.

Hasta aquí los primeros trazos en el retrato de *nuestra realidad*, la realidad de *lo conocido*, una realidad que no es aquélla en la que vivimos sino aquella en la que creemos vivir ocupando el centro de nuestro particular horizonte.

LO PROFUNDAMENTE CONOCIDO

«Cada vida diminuta está representada como el centro de su propio universo, como el propósito en su propia estimación para el que este mundo fue creado; cada una proclama su declaración específica e individual frente al imperialismo humano; cada una, por irónica deducción, ridiculiza nuestras absurdas pretensiones de establecer normas meramente humanas para la conducción del Juego Cósmico.»

Aldous Huxley

Estas palabras aclaman una realidad en la que el conocimiento, en la más profunda acepción del término, vendría a sustituir a *lo conocido*, una realidad a la que asistimos fuera de nuestra mente individual, en lo que algunos llamarían «mente colectiva». En lo que respecta a este libro, por un lado tendremos *nuestra realidad*, que es la realidad de *lo conocido*, nuestra exclusiva realidad mental, aquélla a la que asistimos en lo que de mar encierra nuestro particular horizonte y, por otro lado, la realidad de *lo profundamente conocido*, aquélla en la que todos navegamos un mismo y único océano infinito. La realidad de *lo conocido* se debe a la diferenciación en la que se fundamentan nuestras estructuras mentales, y dado que ésta se produce en la mente de cada uno en base a *lo conocido* y *la experiencia del yo*, al hablar de una realidad fuera de nuestra mente individual hablaríamos de una realidad al margen de nuestras estructuras mentales y, por tanto, al margen de esa diferenciación. La realidad de *lo profundamente conocido* es esa realidad en la que todo habita fuera del acuario de nuestra mente exhibiendo su condición de ser, sin disfraces, dentro de un conjunto infinitamente mayor al limitado por el propio horizonte de cada uno, el océano infinito que todos navegamos, exento de «normas meramente humanas para la conducción del Juego Cósmico». Aquí, nuestra percepción se libera de la óptica de nuestros catalejos, de *la experiencia del yo*, de *lo conocido*, y dejamos de reconocer en todo la expresión de nuestras estructuras mentales; aquí cada qué y cada quién se libera del disfraz que le adjudicamos en lo que de mar encierra nuestro particular horizonte. Según la máxima «nada existe sin todo lo demás», aquí el delfín no es ya un «delfín» sino el océano infinito del que forma parte; aquí cada elemento del conjunto es el conjunto en sí y no ya lo que le diferencia de los demás elementos en base a nuestras estructuras mentales.

Si decimos que en la realidad de *lo conocido* el armario de nuestra mente viene a ser el vestidor por el que cada qué y cada quién pasa forzosamente al adentrase en lo que de mar encierra nuestro particular horizonte, podemos decir que en la realidad de *lo profundamente conocido* ese armario sería el ropero en el que cada qué y cada quién, empezando por uno mismo, deja su disfraz para ser lo que es en el océano infinito que todos navegamos, al margen de nuestras estructuras mentales, de *lo conocido*, de *la experiencia del yo*. De este modo, la realidad de *lo conocido* sería la realidad en la que creemos vivir ocupando el centro de nuestro particular horizonte mientras que la realidad de *lo profundamente conocido* sería la realidad en la que vivimos. La primera es el resultado de someter el océano infinito que todos navegamos al alcance y al enfoque de nuestros catalejos mientras que la segunda sería ese océano infinito; y del mismo modo también hay que distinguir entre el yo, lo que creemos ser ocupando el centro de nuestro particular horizonte, en *nuestra realidad*, y lo que somos en la realidad de *lo profundamente conocido*.

El propósito de conocer que sustenta a la realidad de *lo conocido* nos sepulta en un constante ir adquiriendo conocimientos que a lo largo de nuestras vidas va modificando nuestras estructuras mentales, incluida la del yo, y alterando con ello *nuestra realidad*, llevándonos cada cierto tiempo a desprendernos de un yo para reencontrarnos en otro cruzando, en cada ocasión, un puente en el que dejar de ser en *nuestra realidad* para volver a ser en ella, en *lo conocido*. Por lo general, estos puentes los cruzamos con la mirada puesta en el otro lado, sin detenernos a pensar que cada dejar de ser en *nuestra realidad* constituye una liberación del yo en un instante sin tiempo lleno de posibilidades. En *nuestra realidad*, la estructura mental del yo, en cuya expresión nos toca ir reconociéndonos, está expuesta a continuos cambios; sin embargo, en ciertos momentos todos tenemos la sensación de que hay algo en nosotros que en esencia no ha cambiado. Dejar de ser en la realidad de *lo conocido* es una experiencia que nos aproxima a lo que de inmutable o eterno hay en nosotros, abriéndonos la puerta a *lo profundamente conocido*. Cruzar esa puerta es entretenernos en ese instante sin tiempo lleno de posibilidades que representa cada dejar de ser en *nuestra realidad* convirtiéndolo en un afortunado encuentro con lo que somos fuera de nuestra mente individual, al margen de *lo conocido*, de *la experiencia del yo*, de nuestras estructuras mentales.

> «El hombre, tal cual es ahora, ha cesado de ser el Todo pero cuando deja de ser un individuo se eleva de nuevo y penetra el mundo entero.»
>
> Plotino

La meditación, el ayuno, la práctica de ciertos rituales o la ingestión de determinadas sustancias naturales o productos químicos equivalentes son algunos de los recursos habitualmente empleados para despertar a *lo profundamente conocido*, para cruzar esa puerta dejando presionado en *nuestra realidad* el interruptor dejar de ser que enciende la luz que nos permite ver el océano infinito que todos navegamos y comprobar que nada tiene que ver con aquél que «conocemos». Cada dejar de ser en *nuestra realidad* supone dejar de reconocernos en la expresión de la estructura mental del yo y liberar, en general, nuestra percepción de nuestras estructuras mentales. Cada dejar de ser en *nuestra realidad* nos hace abandonar el centro de nuestro particular horizonte elevándonos en el haz de luz que representa el eje en torno al cual gira nuestra percepción, ascendiendo como globos, soltando lastre, deshaciéndonos de todo aquello que sostiene la realidad como algo nuestro, particular de cada uno. No obstante, por lo general, al afrontar esta experiencia nos aseguramos de que el globo permanezca firmemente unido a nuestro barco y, como recios marineros, anudamos una cuerda al palo mayor teniendo así, en todo momento, algo a lo que agarrarse en *lo conocido*. Al entregarnos de este modo a *lo profundamente conocido* partimos de *nuestra realidad* como quien deja temporalmente su hogar para visitar un país extranjero, con la seguridad de que antes o después volverá a casa. En este sentido, diríamos que cada dejar de ser en *nuestra realidad* nos permite ver el diamante oculto en el corazón de la montaña pero que, de vuelta a casa, el hecho de haberlo percibido no es tan significativo como la posibilidad de extraerlo, de hacerlo nuestro. Y así es como convertimos *lo profundamente conocido* en la fascinante joyería de nuestra inconsciencia, y la experiencia de dejar de ser en *nuestra realidad*, en un nuevo capítulo de *la experiencia del yo*, en una vivencia que traducir en reconfortantes teorías que calmen el desasosiego de nuestra inconsciencia. De este modo nos esforzamos por conocer una realidad que no es la de *lo conocido*, como quien trata de beber algo sólido o masticar un líquido, demostrando en ello la misma persistencia que un crío en su intento de introducir la esfera por el hueco reservado al prisma triangular. No obstante, en *nuestra realidad*, licuamos lo sólido, solidificamos el líquido y trasformamos la esfera en prisma triangular. Recurriendo a otro ejemplo, cada dejar de ser en *nuestra realidad* viene a ser como el paseo que le permite a un preso ver lo que las cosas son fuera de la cárcel, convirtiendo *lo profundamente conocido* en «lo que hay al otro lado», pero ¿qué sucedería si quien así lo percibe se descubriera a sí mismo como el recluso de una construcción mental que él mismo se ha formado?; ¿cómo entenderíamos entonces lo que hay dentro y fuera de unas rejas que no existen? Sólo entregándonos a *lo profundamente conocido* sin el propósito de conocer pasaremos a ver una cárcel en el paraíso para, acto seguido, descubrir que en el paraíso no hay rejas y que, efectivamente, la realidad en la que vivimos es la de *lo profundamente conocido* y no la de nuestros deseos y privaciones. Entregarse a *lo profundamente conocido* sin el propósito de conocer es entregarse a la experiencia de dejar de ser en *nuestra realidad* limitándonos a contemplar la montaña hasta que el diamante oculto en su corazón manifieste su presencia, sin ni siquiera pensar en la posibilidad de extraerlo, permaneciendo allí hasta que su luz haga transparente la masa rocosa que lo envuelve y surja idéntica de nuestras entrañas y de todo cuanto nos rodea.

El propósito de conocer y la experiencia de dejar de ser en *nuestra realidad* son incompatibles dado que dicho propósito es del yo del que nos desvestimos en dicha experiencia. De hecho, todo propósito es incompatible con la experiencia de dejar de ser en *nuestra realidad* ya que todo propósito es siempre del yo en el que nos reconocemos ocupando el centro de nuestro particular horizonte. Al abrazar cualquier propósito emprendemos un camino-hacia señalando un destino desde ese centro, es decir, reconociéndonos en la expresión de la estructura mental del yo. Antes de trazar un rumbo, lo primero es detenernos a ver dónde estamos, de lo contrario podríamos zarpar hacia el sur creyendo ir hacia el norte y terminar en un puerto confundiéndolo con otro. En *nuestra realidad* no dejamos de emprender rumbos sin detenernos a ver dónde estamos, si lo hiciésemos descubriríamos que todos navegamos un mismo y único océano infinito y que la realidad en la que vivimos no es aquélla en la que creemos vivir ocupando el centro de nuestro horizonte; descubriríamos que *nuestra realidad* es una fantasía suscitada por *la experiencia del yo* en base a *lo conocido* y que, fuera de nuestra mente individual, al margen de nuestras estructuras mentales, asistimos a otra realidad, la de *lo profundamente conocido*, una realidad que no depende de lo que vayamos sometiendo a nuestro particular horizonte a lo largo de nuestras vidas, una realidad que está y siempre ha estado ahí, en cada uno de nosotros y en todo cuanto nos rodea, en ese océano infinito del que formamos parte como las células de un organismo, dentro de un Todo, una suma, un conjunto que percibir como tal.

Detenernos a ver dónde estamos es descubrir ese océano infinito y a nosotros en él o, en palabras de Huxley, «descubrir que siempre hemos estado donde deberíamos estar», comprendiendo entonces hasta qué punto, en *nuestra realidad*, «nos hacemos muy difícil la tarea». Descubrir dónde estamos supone tomar consciencia de la realidad a la que asistimos en ese océano infinito y de la realidad a la que asistimos en lo que de mar encierra nuestro particular horizonte. Despertar a *lo profundamente conocido* y desvelar el artificio de *nuestra realidad*, o el engaño al que en ella asistimos, son dos cuerdas trenzadas en una sola.

Ubicarnos en el océano infinito que todos navegamos es lo que viene a hacernos conscientes gracias al descubrimiento de la realidad en la que vivimos; sin embargo, no estamos ante una empresa de mudanzas que venga a trasladarnos de una a otra realidad sino ante una luz que mantener encendida perseverando en la experiencia de dejar de ser en *nuestra realidad*. No se trata de un descubrimiento que hacer sin más y del que apoderarnos sino de un descubrimiento que viene a apoderarse de nosotros, un descubrimiento en el que ahondar perseverando en la experiencia que lo ocasionó, la de dejar de ser en *nuestra realidad*, incorporando a nuestras vidas el proceso que ese perseverar constituye, y no me refiero a un proceso que nos lleve a ser conscientes sino de un proceso que en sí mismo nos hace ser conscientes, un proceso en el que habitar el descubrimiento del que hablamos. En definitiva, se trata despertar a *lo profundamente conocido* y pasar a habitar ese despertar.

«Cuando te miras a ti mismo, cuando al mirar este hecho lo haces sin un propósito, hay algo que termina y algo totalmente nuevo que comienza.»

Krishnamurti.

Muchas veces basta con descubrir la raíz de las cosas para que los frutos cambien ofreciéndonos «algo totalmente nuevo que comienza». Mirarse a uno mismo «sin un propósito», o al margen de todo camino-hacia, supone hacerlo abandonando el centro de nuestro particular horizonte, desvestidos del yo, al afrontar la experiencia de dejar de ser en *nuestra realidad*, a la que se debe el descubrimiento de que la realidad en la que vivimos no es aquélla en la que creemos vivir ocupando el centro de nuestro particular horizonte. Perseverar en esa experiencia es ahondar en tal descubrimiento pasando a habitar nuestro despertar a *lo profundamente conocido*. Nuestro ser conscientes se debe a ese perseverar en la experiencia de dejar de ser en *nuestra realidad* entendido como un proceso que incorporar en nuestras vidas al margen de todo camino-hacia, un proceso en sí mismo y no en función de sus resultados. El Bhagavad-Guita nos dice que todos tenemos una función en la vida, al igual que las células en nuestro cuerpo, una función de la que rara vez somos conscientes y cuyo alcance siempre se nos escapa, aquélla que, queramos o no, cada cual desempeña en el océano infinito que todos navegamos, en la realidad de *lo profundamente conocido*. Si dijéramos que ser conscientes es, por un lado, descubrir esa realidad y, por otro, actuar en consecuencia, es decir, atender a la misión que en esa realidad desempeñamos, según el Bhagavad-Guita podríamos dar por hecho ese actuar en consecuencia y sólo nos quedaría afrontar la parte del descubrimiento. En el fondo «siempre hemos estado donde deberíamos estar», sólo tenemos que descubrirlo teniendo presente que no se trata de hacer tal descubrimiento sin más sino de pasar a habitarlo perseverando en la experiencia que lo ocasionó, la de dejar de ser en *nuestra realidad*, incorporando a nuestras vidas el proceso que ese perseverar constituye.

Tu vida es un campo sembrado que contemplar abandonando el centro de tu particular horizonte; si así descubres que habitas una realidad edificada en tu mente de acuerdo a tus propios conocimientos y a tu propia experiencia, podrás comprobar que al resto de las personas les sucede exactamente lo mismo y extraerás la siguiente conclusión: Cada uno de nosotros habita su propia realidad mental en lo que de mar encierra su particular horizonte pero indudablemente todos asistimos a una realidad común fuera de nuestra mente individual, una realidad necesariamente liberada del propio catalejo de cada uno, en el océano infinito que todos navegamos. Llegados a este punto, lo oportuno y más consecuente es esquivar cualquier planteamiento que no sea el de ahondar en ese descubrimiento perseverando en la observación de nuestras vidas por encima de nosotros mismos. Llegados a este punto, es fundamental no caer en el error de poner rumbo hacia un ser conscientes entendido como un estado que perseguir y conquistar para instalarnos definitivamente en él y, en vez de eso, entenderlo como un estado que cultivar en ese campo sembrado que viene a ser la propia vida de cada uno, un estado que cultivar incorporando a nuestras vidas ese proceso que en sí mismo nos hace ser conscientes relativo al hecho de perseverar en la experiencia de dejar de ser en *nuestra realidad* al margen de todo camino-hacia. Se trata de pasar a habitar el descubrimiento de que la realidad en la que vivimos es la de *lo profundamente conocido* y, para ello, sólo tenemos que concedernos la oportunidad de experimentarlo regularmente en nuestras vidas abandonando el centro de nuestro particular horizonte.

Perseguir ese ser conscientes en vez de cultivarlo como propongo se corresponde con el propósito de alcanzar la realidad de *lo profundamente conocido* posicionándonos en la realidad de *lo conocido*, en *nuestra realidad*, vestidos del yo, atrapados en lo que de mar encierra nuestro particular horizonte. Dicho propósito nos lleva a emprender un camino-hacia, el que muchos emprenden esforzándose en modelar su propia realidad y la estructura mental del yo de acuerdo al referente que cada uno encuentre en *lo profundamente conocido*, o bien, de acuerdo al canon que, en ese sentido, nos dicte una u otra religión. Según esto, la religión vendría a ser un vehículo al que subirse en ese camino-hacia, un vehículo concebido para las masas. En este libro, la religión se entiende, en parte, como un acontecimiento social que viene a hacer llover lo divino sobre nosotros ofreciéndonos la oportunidad de regar así, en *nuestra realidad*, nuestras estructuras mentales, empezando por la del yo. Básicamente, lo que viene a diferenciar entre sí a las religiones es el modo en que cada una concibe ese hacer llover, esa lluvia; por ejemplo, en el Budismo, el Dharma se entiende como «la ley cósmica que todo lo regula» y en la práctica se nos invita a dejar «que la lluvia del Dharma penetre el suelo de nuestra consciencia». En toda religión ese hacer llover lo divino sobre nosotros se evidencia, en mayor o menor medida, como algo relativo a nuestro ser conscientes en relación a la realidad a la que asistimos fuera de nuestra mente individual y, en consecuencia, como algo que viene a proponernos la experiencia individual que supone despertar a *lo profundamente conocido* y habitar ese despertar; sin embargo, por otra parte, la religión no deja de ser un acontecimiento social que viene a hacer sitio a *lo profundamente conocido* en *nuestra realidad*, en la realidad de *lo conocido*. Sin negar la importancia y el mérito que en ese sentido tiene la religión, comprendiendo y respetando el valor que ese «hacer sitio» demuestra tener en la vida de muchas personas y advirtiendo la sequía que ese «hacer llover» viene a remediar en *nuestra realidad*, sin obviar por ello la interesada y demostrada manipulación que en tantos casos acompaña a la religión, quiero llamar la atención sobre el hecho de que ésta tiende a irrumpir en nuestras vidas en forma de marea colectiva en la que se pierde o ahoga la experiencia individual que supone despertar a *lo profundamente conocido* y habitar ese despertar y que, en este sentido, es conveniente rescatar esa experiencia individual y ponerla a salvo de esas mareas sin confundir la sabiduría que encierran los textos sagrados de los que nacen las religiones con las interpretaciones y el uso que éstas hacen de aquéllos. Sin ir más lejos, en la ya empleada metáfora del diamante oculto en el corazón de la montaña, la esencia de este libro adopta una expresión inspirada en las formas poéticas en que suele recogerse dicha sabiduría y resulta que sirve a mis planteamientos de igual modo que podría servir a otros puramente religiosos. Es sabido que el término «religión» procede del verbo «religare», «re-unir»; en un sentido religioso y acorde con los contenidos de este libro ese re-unir se interpreta, en lo que se refiere al ser humano como elemento de un conjunto, parte de un Todo, como su reintegración en ese Todo. En esta dirección apuntan en esencia diversos rituales de distintas religiones como, por ejemplo, el ritual cristiano de la comunión: «común-unión». Re-unir al hombre con Dios, o lo que viene a ser lo mismo, sumar al hombre en común-unión con todas las manifestaciones de Dios entre las que se cuenta, son premisas que ponen de manifiesto nuestra condición de ser elementos de un conjunto, nuestro formar parte de un Todo y, con ello, la existencia de una realidad común que se correspondería con la realidad de *lo profundamente conocido*.

Tocado el tema de la religión es importante aclarar que en este libro «Dios» sería el concepto en torno al cual convertimos la realidad de *lo profundamente conocido* en una estructura mental a la que hacer sitio en *nuestra realidad*, en la realidad de *lo conocido*. Ese Dios al que inconscientemente queremos conocer no sería sino el océano infinito que todos navegamos, la suma de todo; el conjunto en sí y cada elemento del mismo; pensemos si no cuántas veces hemos oído decir que Dios está en ti y en todo cuanto te rodea, que Dios está en todas partes. Dios es aquello que somos en *lo profundamente conocido* y *lo profundamente conocido* en sí, un concepto tan difícil de acoger en *lo conocido* y de abarcar en nuestras mentes como lo es el de «infinito». A este respecto, cabe citar las siguientes palabras de San Juan De La Cruz: «Uno de los más grandes favores concedidos al alma en esta vida es la facultad de ver distintamente y sentir hondamente que no puede comprender a Dios en modo alguno». La esencia del encuentro con Dios que predican las religiones se halla en el descubrimiento de la realidad a la que asistimos en el océano infinito que todos navegamos; tal encuentro consiste en «descubrir que siempre hemos estado donde deberíamos estar», una experiencia que cada cual ha de activar en sí mismo de manera individual y que, sin embargo, en religión tiende a confundirse con un arduo camino-hacia, esa marea colectiva en la que se pierde o ahoga la experiencia individual que supone despertar a *lo profundamente conocido* y habitar ese despertar. El Reino de los Cielos que se nos muestra como destino no es sino esa realidad a la que ya asistimos fuera de nuestra mente individual y, en este sentido, resulta mucho más coherente el planteamiento de descubrirla que el de alcanzarla, descubrirla al detenernos a ver dónde estamos, al afrontar la experiencia de dejar de ser en *nuestra realidad*, un dejar de ser que acoger como experiencia en la que perseverar y no como un destino que alcanzar para instalarnos en él; en ese caso atenderíamos a un propósito del yo, en sí mismo inalcanzable. Hablamos de despertar a *lo profundamente conocido* y de habitar ese despertar perseverando en la experiencia que lo ocasionó, la desvestirnos del yo al dejar de ser en *nuestra realidad*.

En este libro, en este mapa, no hay rumbos trazados, tan sólo una extendida invitación a ubicarnos en el mismo. Al escribir, me valgo de un lenguaje que sólo logra desbaratar ligeramente *lo conocido* mediante la poesía y otros recursos. La palabra es un vehículo adaptado a *nuestra realidad*, un vehículo que se mueve entre *lo conocido* y lo desconocido, de modo que me veo escribiendo sobre *lo profundamente conocido* en la jurisdicción de lo desconocido, en un esfuerzo comparable al de un astronauta intentando comunicar a los incrédulos habitantes de su planeta que pertenecen a todo un universo y que no pueden acceder a él ni a través de telescopios, ni en naves espaciales, ni con banderas en la luna, que no pueden acceder a él porque son Él.

SEGUNDA PARTE

El Mapa del Tesoro

Por un lado, están las personas que se comportan como si no hubiera más realidad que la de *lo conocido*, e incluso como si no hubiera otra realidad de *lo conocido* que la suya propia. Por otro lado, están las personas que se comportan sabiendo que la vida de cada uno responde a una realidad diferente a la de los demás pudiendo existir una mayor o menor afinidad con el resto de realidades sin que por ello éstas sean menos válidas o respetables que la propia. Entre ambos casos hay claras diferencias, sin embargo, en ninguno de los dos hacemos sitio a la experiencia de dejar de ser en *nuestra realidad*. Este libro no viene a decantarse entre uno y otro caso sino a exponer dos más: Por un lado, el de quiénes descubren que la realidad en la que vivimos no es aquélla en la que creemos vivir ocupando el centro de nuestro particular horizonte y, por otro lado, el de quiénes pasan a habitar tal descubrimiento. Una vez percibida la luz del diamante oculto en el corazón de la montaña podemos hacer dos cosas, extraer el diamante o mantener encendida su luz en nuestras vidas, es decir, apoderarnos de ese descubrimiento o dejar que se apodere de nosotros; hacerle un sitio en *nuestra realidad* o pasar a habitarlo.

A grandes rasgos, todos tenemos en nuestra mente un mapa en el que señalar con mayor o menor exactitud el lugar en el que nos encontramos. Mientras que para ubicarnos en el globo terráqueo es suficiente consultar el mapa una vez sin necesidad de volver a mirarlo hasta cambiar de ciudad, de país o de continente, para ubicarnos en el océano infinito que todos navegamos no basta con señalar nuestra posición, hay que experimentarla abandonando el centro de nuestro particular horizonte, perseverando en la experiencia de dejar de ser en *nuestra realidad*. «De entrada, un mapa del tesoro no es tanto aquello que nos conduce allí dónde se esconde el tesoro como la tinta del papel en el que hemos de empezar por señalar nuestra posición», y ahora podemos decir que, en este libro, para «señalar nuestra posición» no basta con descubrir dónde estamos.

Esta segunda parte del libro aborda y analiza ese proceso que incorporar a nuestras vidas relativo al hecho de perseverar en la experiencia de dejar de ser en *nuestra realidad* habiendo dejado claro que se trata de un proceso que en sí mismo nos hace ser conscientes, es decir, ubicarnos en el océano infinito que todos navegamos; un proceso en el que habitar nuestro despertar a *lo profundamente* conocido. Lo principal es entender que ese perseverar en la experiencia de dejar de ser en *nuestra realidad* ha de acogerse como algo natural, como algo propio de la experiencia de vivir. Sobra decir que si todos pasáramos a habitar nuestro despertar a *lo profundamente conocido* estaríamos ante un fenómeno de importantes y positivas repercusiones a todos los niveles; sin embargo, no es algo que forzar en respuesta a un propósito del yo sino algo que ha de nacer o no en cada uno de nosotros al descubrir la realidad de *lo profundamente conocido* y desvelar el artificio de *nuestra realidad*.

EL LENGUAJE

«Para formular y expresar el contenido de su reducido conocimiento, el ser humano ha inventado e incesantemente elaborado esos sistemas de símbolos que denominamos lenguajes. Cada individuo se convierte enseguida en el beneficiario y la víctima de la tradición lingüística en que ha nacido». Aquí, Aldous Huxley se refiere a beneficiario en cuanto a que «el lenguaje le procura acceso a las acumuladas constancias de la experiencia ajena», y a víctima en cuanto a que «le confirma en la creencia de que ese reducido conocimiento humano es el único conocimiento y le deja hechizado su sentido de la realidad de forma que cada cual se inclina demasiado a tomar sus conceptos por datos y sus palabras por cosas reales».

Como he dicho, «de una en una, nuestras estructuras mentales no son sino los huesos de un esqueleto, las piezas aisladas de un puzle», siendo el lenguaje lo que viene a componer ese puzle, a armar ese esqueleto y a hacerlo funcionar. Por otro lado, como vía de expresión de todo cuanto procesa nuestra percepción, al hablar de lenguaje hay que hacerlo en plural, en este libro: los lenguajes de la acción, la palabra, el pensamiento y las emociones. En nuestras palabras y acciones, en nuestros pensamientos y emociones, asistimos a la expresión de la percepción que tengamos de nosotros mismos y de todo cuanto nos rodea siendo esa percepción lo que determina la realidad a la que nos abrazamos en nuestras vidas que se corresponde con la realidad que percibimos. Al observar con cierta distancia nuestras palabras y acciones, nuestros pensamientos y emociones, podremos comprobar que lo que en definitiva expresamos en los lenguajes que empleamos es precisamente eso, nuestra percepción, la realidad que percibimos. Vestidos del yo, nuestras palabras y acciones, nuestros pensamientos y emociones expresan la percepción que tenemos de nosotros mismos y de todo cuanto nos rodea, y acontece, en lo que de mar encierra nuestro particular horizonte, bajo la óptica de nuestros catalejos. Al hacer tal descubrimiento, comprobamos, para empezar, lo maleable que resulta esa percepción y, por tanto, la realidad de *lo conocido*, dada la posibilidad que tenemos de cambiar la óptica de nuestros catalejos variando, con ello, esa realidad que, en base a esto, podremos pasar a considerar un artificio. No es difícil llegar a esta conclusión manejando los conceptos que estamos empleando y haciendo uso de la lógica; sin embargo, una cosa es señalar, como tal, el artificio de *nuestra realidad,* y otra constatarlo, desvelarlo. Para descubrirnos a nosotros mismos ocupando el centro de nuestro particular horizonte hemos de abandonar ese centro; para descubrir la óptica a la que sometemos nuestra percepción en lo que de mar encierra nuestro particular horizonte hemos de observarlo todo sin ella;

para descubrir *nuestra realidad* hemos de dejar de ser en ella. Sólo podremos descubrirnos atrapados en lo que de mar encierra nuestro particular horizonte al contemplar el océano infinito que todos navegamos, al posicionarnos ante ese inmenso escenario, el de *lo profundamente conocido*. Sólo así podremos descubrir que el escenario de *nuestra realidad*, el escenario de *lo conocido*, se corresponde con lo que de mar encierra el propio horizonte de cada uno. Como ya he dicho, despertar a *lo profundamente conocido* y desvelar el artificio de *nuestra realidad*, o el engaño al que en ella asistimos, son dos cuerdas trenzadas en una sola. Ocupando el centro de nuestro particular horizonte, el escenario que concedemos a nuestra percepción es el de *lo conocido*, sin embargo, al elevarnos por encima de ese centro, al dejar de ser en *nuestra realidad*, el escenario que concedemos a nuestra percepción pasa a ser el de *lo profundamente conocido*. Todo puede ser percibido en uno y otro escenario, en lo que de mar encierra nuestro particular horizonte, bajo la óptica de nuestros catalejos, y en el océano infinito que todos navegamos, y en cada uno de ellos tendremos una percepción diferente de cada qué y cada quién, incluyéndonos a nosotros mismos, y los lenguajes que empleemos se harán eco de una u otra percepción confirmándonos en una u otra realidad.

La realidad de *lo conocido* es la que cada cual concibe en su mente según su particular percepción de las cosas, según el alcance y el enfoque de su propio catalejo, un artificio, una invención mutable, una construcción siempre inacabada y afortunadamente expuesta a rectificaciones; sin embargo, la realidad de *lo profundamente conocido* no es una realidad que concebir, que inventar, que construir, que rectificar, no es una realidad que se origine en la mente de cada uno en base a *lo conocido* y *la experiencia del yo*; la realidad de *lo profundamente conocido* es una realidad sin disfraces, al margen de nuestras estructuras mentales, una realidad que descubrir al liberar nuestra percepción de la óptica de nuestros catalejos, de *la experiencia del yo*, de *lo conocido*. Sólo al dejar de ser en *nuestra realidad* y observar nuestras vidas por encima de nosotros mismos podremos advertir, en los lenguajes que empleamos, el eco de la realidad que percibimos, un eco que, por lo general, se corresponderá con la realidad de *lo conocido*, la propia de cada uno; sin embargo, los lenguajes que empleamos también pueden hacerse eco de otra realidad, la de *lo profundamente conocido*, confirmándonos en ella. Por ahora, vamos a centrarnos en los lenguajes que empleamos y en su observación por encima de nosotros mismos dentro de ese proceso relativo al hecho de perseverar en la experiencia de dejar de ser en *nuestra realidad*.

Detenerse a ver dónde estamos es la consecuencia de vivenciar de algún modo el descubrimiento de que la realidad en la que vivimos no es aquélla en la que creemos vivir ocupando el centro de nuestro particular horizonte. Detenerse a ver dónde estamos es ahondar en tal descubrimiento perseverando en la experiencia que lo ocasionó, la de dejar de ser en *nuestra realidad*. En principio, hablamos de observar nuestras vidas como si de una película se tratara, distanciándonos del yo en el que inconscientemente nos reconocemos ocupando el centro de nuestro particular horizonte, haciendo que ese yo pase a ser el personaje que en esa película interpretamos, lo que viene a situarnos en la ventajosa posición del actor o la actriz. Si lo pensamos, alcanzar la madurez es una tarea que compete a nuestra condición de actores o actrices ya que no es otra que la de consolidar un personaje, el protagonista o la protagonista de nuestra propia película, ya sea fruto de una inapropiada e interesada selección de determinados aspectos de nuestra personalidad o de la conveniente integración de todos ellos, en función también del escenario o escenarios que concedamos a nuestra percepción y, en concreto, a la percepción que tengamos de nosotros mismos. En este asunto, la inmensa mayoría, lejos de reconocer su condición de actores o actrices, termina identificándose con el personaje que más se acostumbre a interpretar en el escenario de *lo conocido*, en lo que de mar encierra su particular horizonte, aceptando como suyos tan sólo aquellos aspectos de su personalidad que sean propios del personaje en cuestión. Por otro lado, de entre los que se saben actores o actrices, la mayoría se regocija en lo brillante de su interpretación esquilmando igualmente su personalidad para perfilar su personaje. Sin embargo, el actor o la actriz que se reconoce a sí mismo o a sí misma como tal posee la capacidad de centrarse abarcando todo su repertorio, todos sus recursos, todos los aspectos de su personalidad para integrarlos en su vida de forma constructiva, sin reprimir ninguno, evitando así que puedan manifestarse en su contra. Ejercer verdaderamente nuestra condición de actores o actrices supone no reconocernos ciegamente en el yo que interpretamos en *nuestra realidad*, reconociendo en éste un papel expuesto a modificaciones y a nuestra interpretación y creatividad, lo cual, en términos psicológicos, resulta ser una poderosa herramienta. En lo que a este libro se refiere, hablamos de establecer una marcada distancia entre el actor o la actriz y el yo que interpretamos en *nuestra realidad*, una distancia que es fundamental ejercitar para distinguir también entre lo que somos y lo que creemos ser, entre la realidad en la que vivimos y aquélla en la que creemos vivir.

Lo que propongo en el ejercicio de esa distancia no es ya observar los lenguajes que empleamos para después corregirlos convirtiéndolos en una herramienta del yo con la que reformar torpe o inteligentemente *nuestra realidad*; lo que propongo es detenernos a ver dónde estamos perseverando en la observación de nuestras palabras y acciones, de nuestros pensamientos y emociones, por encima de nosotros mismos, ahondando en el descubrimiento de que la realidad en la que vivimos no es aquélla en la que creemos vivir ocupando el centro de nuestro particular horizonte. En tal observación hemos de considerar todos los ingredientes que reúna cada escena de la película. No podemos obviar el entorno que provoque y acoja nuestro lenguaje ni las circunstancias a las que éste obedezca; desde las particularidades del momento en cuestión hasta el contexto en que se desarrolle la escena, o los personajes que en ella intervengan, todo merece nuestra atención, ya no sólo nuestro lenguaje, nuestras palabras y acciones, nuestros pensamientos y emociones, sino, en general, lo que sería el lenguaje literario o cinematográfico de cada escena en sí. Ya sea en directo o en diferido, si logramos distanciarnos del personaje que interpretamos en cada escena de nuestra película comprobaremos que hasta los más insignificantes detalles tienen relevancia en esa observación de nuestras vidas por encima de nosotros mismos, dentro de ese proceso que en sí mismo nos hace ser conscientes.

Obrar de este modo, asumiendo nuestra condición de actores o actrices supone tomar cierta distancia respecto a la estructura mental del yo para pasar a ver en ella un disfraz, lo cual, además de ser una importante herramienta en términos psicológicos, en lo que a corte y confección se refiere, es también un posicionarnos muy cerca de la experiencia de dejar de ser en *nuestra realidad* dado que ésta se debe al hecho de desvestirnos del yo en el que inconscientemente nos reconocemos ocupando el centro de nuestro particular horizonte y posicionarnos, con ello, ante el océano infinito que todos navegamos, concediendo a nuestra percepción ese inmenso escenario, el de *lo profundamente conocido*. Al dejar de ser en *nuestra realidad* liberamos nuestra percepción de la óptica de nuestros catalejos y despertamos a la realidad de *lo profundamente conocido*, una realidad que ya está esculpida en todo, incluyéndonos a nosotros mismos, bajo los disfraces con los que vestimos a cada qué y cada quién en lo que de mar encierra nuestro particular horizonte, en *nuestra realidad*. Un buen ejemplo de cómo actuaríamos entonces lo hallamos en Miguel Ángel. Al contemplar cualquiera de sus esculturas hay que empezar por apreciar el hecho de que son de una sola pieza, un solo bloque de piedra. En ellas, los miembros del cuerpo esculpido componen la figura de tal modo que en su interior la materia parece contener fibras musculares, huesos y articulaciones desde mucho antes de que la mole de mármol fuera extraída de la cantera. De hecho, es el propio Miguel Ángel quien nos ofrece esta sobrecogedora sensación ya que él, en persona, era quien escogía los bloques de mármol con el convencimiento de que ya contenían en su interior la pieza que iba a esculpir. Para él, su tarea era liberar las figuras allí atrapadas, lo cual se evidencia en sus últimas obras entre las que destacan los llamados «esclavos», cuerpos que parecen luchar por liberarse del asfixiante abrazo de la materia que en bruto les envuelve, poniendo así de manifiesto, en estas obras, esa tarea. A cada golpe de cincel que Miguel Ángel infligía al mármol, cada uno de esos cuerpos se iba liberando del disfraz o la forma que ocultaba su auténtica naturaleza, su auténtica realidad. Si nos perdemos en esta sensación contemplando una de esas esculturas, entregados al haz de luz que nos eleva por encima de nuestro barco, puede que escuchemos al propio Miguel Ángel susurrándonos al oído: -¿Lo veis ahora?, ya os dije que esas rocas encerraban otra realidad y no supisteis verlo, vosotros sólo veíais un bloque de piedra -. Si hablamos de nuestro despertar a *lo profundamente conocido*, éste sería el modo de obrar como escultores de la realidad, viéndola nítidamente detrás de las formas, bajo los disfraces con los que vestimos a cada qué y cada quién, incluyéndonos a nosotros mismos, en lo que de mar encierra nuestro particular horizonte.

Como ya he dicho, la realidad de *lo conocido* se debe a la puesta en escena de nuestras estructuras mentales en lo que he dado en llamar el acuario de nuestra mente que se corresponde con la recreación que cada cual hace del océano infinito que todos navegamos en lo que de mar encierra nuestro particular horizonte. En este sentido, podemos decir que en la realidad de *lo conocido* cada cual asiste a su particular fiesta de disfraces donde cada qué y a cada quién pasa a vestir el disfraz de la estructura mental que le corresponda. No obstante, bajo esos disfraces, «cada vida diminuta», como dice Huxley, «proclama su declaración específica e individual frente al imperialismo humano» ridiculizando «nuestras absurdas pretensiones de establecer normas meramente humanas para la conducción del Juego Cósmico». Bajo cada uno de esos disfraces, un «esclavo» parece luchar por liberarse de la forma en la que es percibido en la realidad de *lo conocido*. En definitiva, se trata de observar cómo la luz del diamante oculto en el corazón de la montaña hace transparente la masa rocosa que lo envuelve y surge idéntica de nuestras entrañas y de todo cuanto nos rodea.

Al hilo del ejemplo de Miguel Ángel, llegamos a lo que viene a ser la piedra angular de este libro, mi creencia en que la condición de artista es algo que puede atribuirse a todo ser humano. Para empezar, me voy a permitir definir el arte, en términos generales, como la expresión de una determinada percepción de las cosas, una expresión que precisa de un lenguaje. De la misma manera que un pintor plasma en su obra su particular percepción de las cosas recurriendo al lenguaje de la pintura, todos plasmamos, en nosotros mismos y en nuestras vidas, nuestra percepción mediante los lenguajes de la acción y la palabra, del pensamiento y las emociones. En este sentido, la obra de cada uno sería uno mismo y su propia vida, y la condición de artista sería, en consecuencia, algo atribuible a todo ser humano.

La Educación Estética atiende a la capacidad que fundamenta al individuo, nuestra capacidad perceptiva, y se refiere tanto a la educación de nuestros sentidos como a la educación del propio individuo en el complejo proceso del que deriva la percepción que cada uno tiene de sí mismo y de todo cuanto le rodea. Por su parte, la Educación Artística que contempla este libro se corresponde con la educación de nuestra percepción y nuestra expresión en relación al proceso que media entre ambas, y se debe al desarrollo de nuestras habilidades o aptitudes artísticas, pero también, y primordialmente, al desarrollo de una actitud artística ante la vida fundamentada en el hecho de asumir nuestra condición de artistas y otorgar a la experiencia de vivir el sentido artístico que le es propio. Una cosa es la condición de artista que puede atribuirse a todo ser humano y, otra, asumir dicha condición educando nuestra percepción y su correspondiente expresión en nosotros mismos y nuestras vidas. Dado que todos empleamos constantemente los lenguajes de la acción, la palabra, el pensamiento y las emociones, y que con ello no hacemos sino expresar la percepción que tenemos de nosotros mismos y de todo cuanto nos rodea, cualquiera puede equipararse a un pintor que se pasara la vida pintando. Suponiendo que la obra de ese pintor dejara mucho que desear siempre habría quienes le recomendarían desarrollar sus aptitudes y su actitud artística trabajando, o educando, su capacidad perceptiva y expresiva o, de lo contrario, dedicarse a otra cosa. Dado que ineludible y diariamente todos asistimos, en nosotros mismos y nuestras vidas, a la expresión de lo que percibimos, hemos de descartar lo de dedicarnos a otra cosa y sólo nos queda considerar la posibilidad de asumir nuestra condición de artistas con todo lo que conlleva.

Refiriéndose al arte del siglo XX, Kakuzo Okakura escribe: «El arte de hoy es el que verdaderamente nos pertenece, pues contiene nuestro propio reflejo. Condenarlo sería condenarnos a nosotros mismos. A menudo se escucha que la época actual carece de arte. Si fuera así ¿quién es el responsable? ¿No resulta vergonzoso que, a pesar de tanto como loamos a los antiguos y sus obras, prestemos tan poca atención a nuestras posibilidades?». Estas palabras trascienden el contexto en que se enmarcan y vienen a hacernos pensar en «nuestro propio reflejo», en ese «condenarnos a nosotros mismos», en nuestra responsabilidad en lo que respecta a la carencia de arte y en «nuestras posibilidades»; todo en relación a la condición de artista que atribuyo a cada ser humano y a la posibilidad que tenemos de asumirla educando nuestra percepción y su correspondiente expresión en nosotros mismos y nuestras vidas.

Por otra parte, Herbert Read define la Educación Estética como «la educación de esos sentidos sobre los que se basa la conciencia y, en última instancia, la inteligencia y el juicio del individuo humano», a lo que añade: «Sólo en la medida en que esos sentidos establecen una relación armoniosa y habitual con el mundo exterior, se construye una personalidad integrada, y tal adaptación de los sentidos a su ambiente objetivo es quizá la función más importante de la Educación Estética». Esa «adaptación de los sentidos a su ambiente objetivo» se debe, en este libro, a la experiencia de dejar de ser en *nuestra realidad* ya que hablamos de liberar nuestra percepción del subjetivismo de nuestros catalejos posicionándonos ante el océano infinito que todos navegamos en vez de ante lo que de mar encierra nuestro particular horizonte. De este modo, el ambiente objetivo sería ese océano infinito, es decir, el escenario que concedemos a nuestra percepción al abandonar el centro de nuestro particular horizonte, el escenario de *lo profundamente conocido*, mientras que, por su parte, el escenario de *lo conocido*, o lo que de mar encierra nuestro particular horizonte, sería el ambiente subjetivo donde todo es percibido a través de la óptica de nuestros catalejos, en base a *lo conocido* y *la experiencia del yo*. Según esto, el escenario de *lo conocido* es aquél en el que sometemos el ambiente objetivo a nuestra percepción cuando de lo que Herbert Read nos habla es precisamente de todo lo contrario, de adaptar nuestra percepción a ese ambiente objetivo en lo que resulta ser «la función más importante de la Educación Estética», una función que, como también nos dice, responde a «un enfoque integral de la realidad» que en este libro se corresponde con una percepción necesariamente liberada de nuestras estructuras mentales.

Refiriéndose a la educación en términos generales, Herbert Read escribe: «La educación debe ser no sólo proceso de individuación sino también de integración, o sea, de reconciliación de la singularidad individual con la unidad social. Desde este punto de vista, el individuo será bueno en la medida en que realice su individualidad dentro de la comunidad. Su toque de color contribuye, por poco que sea, al conjunto del paisaje; su nota es un elemento necesario, aunque no percibido, en la armonía universal». Si lo pensamos, el arte, o la creación artística, también es, al igual que la educación, un proceso de individuación e integración en sí mismo. Una obra de arte, para serlo, precisa de un creador y al menos de un espectador y, aun reuniendo a ambos en una misma persona, el arte, o la creación artística, trasciende necesariamente el espacio del creador e invade el del espectador. Para el artista, el espacio del creador sería su mundo interior y, el espacio del espectador, el mundo exterior, ambos objeto de su percepción en lo que se refiere a la expresión de ésta en su obra. Uno y otro mundo pueden ser percibidos por el artista en dos escenarios, el de *lo profundamente conocido* o el de *lo conocido,* obteniendo, en cada caso una percepción diferente con su correspondiente expresión en su obra que, como Herbert Read señala, contribuirá en el mundo exterior «al conjunto del paisaje», aportando al mismo «su toque de color». El proceso creativo no sólo hace a la obra sino también al artista, y no ya aislados en sí mismos sino conectados entre sí y con todo lo demás. En este sentido, al hablar del arte, o de la creación artística, hablamos, efectivamente, de un proceso de individuación e integración

El arte, o la creación artística, suele obedecer al ambiente subjetivo de cada artista, a su propio escenario de *lo conocido*, es decir, a la realidad o realidades percibidas en lo que de mar encierra su particular horizonte, bajo la óptica de su propio catalejo; sin embargo, los o las artistas considerados «de genio» suelen ser aquellos o aquellas en cuya obra late no sólo el ambiente subjetivo sino también, y especialmente, el ambiente objetivo, lo percibido al margen de sus propias estructuras mentales, de *lo conocido*, de *la experiencia del yo*. El ejemplo de Miguel Ángel viene a poner de manifiesto el modo en que el ambiente objetivo puede ser recibido en nuestro mundo interior como en su propia casa sin necesidad de subjetivarlo, sin necesidad de hacerlo nuestro, particular de cada uno, lo cual convierte al artista en un vehículo o depurado canal para la directa expresión de lo percibido en el escenario de *lo profundamente conocido*. Con independencia de la forma y el contenido, sean cuales sean, en toda obra de arte puede latir *lo profundamente conocido* hasta el punto de lograr que artista y espectador se diluyan en ella. En general, como artistas, hablamos de no conceder a nuestra percepción tan sólo el escenario de *lo conocido*, de no limitar nuestras vidas a lo que de mar encierra nuestro particular horizonte; hablamos de dejar de ser en *nuestra realidad* y posicionarnos ante el océano infinito que todos navegamos, de entregarnos a una percepción más elevada que expresar ya sea en un cuadro, en una escultura, en una pieza musical o en nosotros mismos y nuestras vidas.

Si, como decimos, el arte, o la creación artística, resulta ser, al igual que la educación, un proceso de individuación e integración, la Educación Artística lo es por partida doble. De hecho, todo proceso de individuación e integración se debe a nuestra percepción y a su correspondiente expresión, las dos caras de la moneda que la Educación Artística nos enseña a manejar advirtiéndonos de su importante papel en nuestras vidas y de lo inapropiado que resulta dar a esa moneda exclusiva circulación o validez en lo que de mar encierra nuestro particular horizonte. Si lo pensamos, la propia vida de cada uno es en sí misma un proceso de individuación e integración que, por lo general, solemos enmarcar en el escenario de *lo conocido* pero que recurriendo a la Educación Artística podemos convertir en ese proceso que en sí mismo nos hace ser conscientes, relativo al hecho de perseverar en la experiencia de dejar de ser en *nuestra realidad*. sin limitar nuestras vidas a lo que de mar encierra nuestro particular horizonte. El incorporar ese proceso a nuestras vidas se corresponde, por tanto, con un hacer sitio, en el proceso de individuación e integración que de por sí constituye la propia vida de cada uno, a la Educación Artística que contempla este libro y, con ello, a la experiencia de dejar de ser en *nuestra realidad*. En definitiva, se trata de perseverar en esa experiencia convirtiendo el proceso que constituye la propia vida de cada uno en un proceso que en sí mismo nos hace ser conscientes en el que asumir nuestra condición de artistas otorgando a la experiencia de vivir el sentido artístico que le es propio.

Es sabido que observando se aprende y todo educador que se precie hará observar a sus alumnos, en él y en ellos mismos, lo que trate de enseñarles. La educación empieza y muchas veces termina en la observación y toda observación por encima de uno mismo tiene importantes consecuencias: «Cuando te miras a ti mismo, cuando al mirar este hecho lo haces sin un propósito, hay algo que termina y algo totalmente nuevo que comienza» (Krishnamurti). En ese proceso que en sí mismo nos hace ser conscientes, relativo a la observación de nuestras vidas por encima de nosotros mismos, nuestro guía, nuestro maestro, nuestro educador en términos de Educación Artística, no es sino esa observación por encima de nosotros mismos, de ahí el sentido y la necesidad de perseverar en ella.

Todos nos reconocemos en la expresión de la percepción que tengamos de nosotros mismos y de todo cuanto nos rodea, y esto, en términos psicológicos, es la clave de muchas terapias. Son muchos los problemas que pueden resolverse advirtiendo y modificando la percepción que uno tenga de un hecho en concreto, de un aspecto de sí mismo, de su pasado o de su vida en general, sin necesidad de abandonar el centro de su particular horizonte, es decir, variando la óptica de nuestros catalejos. Siempre existen distintas maneras de ver una misma cosa y cada enfoque provoca en nosotros una reacción diferente, cada percepción conlleva su propia expresión en nosotros mismos y nuestras vidas. En términos psicológicos, es recomendable aprender a ver las cosas atendiendo a distintos enfoques, abrir un amplio abanico de posibilidades a la percepción y no cerrarse a una sola expresión. En lo que se refiere a este libro, a diario todos empleamos el lenguaje de la acción y la palabra, del pensamiento y las emociones, pero rara vez hallamos en su observación la oportunidad de detenernos a ver dónde estamos, la oportunidad de ejercitar esa distancia entre el actor o la actriz y el personaje que interpretamos, la oportunidad de asumir nuestra condición de artistas siguiendo el ejemplo de Miguel Ángel, sin limitar nuestras vidas a lo que de mar encierra nuestro particular horizonte, concediendo a nuestra percepción el escenario de *lo profundamente conocido* dentro de ese proceso que en sí mismo nos hace ser conscientes, es decir, ubicarnos en el océano infinito que todos navegamos. Hablamos de un proceso en el que habitar nuestro despertar a *lo profundamente conocido* perseverando en la experiencia de dejar de ser en *nuestra realidad*; hablamos de un proceso que vincular a la experiencia de vivir, al proceso de individuación e integración que de por sí constituye la propia vida de cada uno.

LA PERCEPCIÓN

Al hablar de nuestra visión de las cosas o de la manera que tenemos de ver algo en concreto se da por hecho que nos referimos a nuestra percepción en general y no sólo a aquello que vemos con nuestros ojos. A partir de aquí voy a referirme a «lo que percibimos» como «lo que vemos» sin que por ello haga exclusiva alusión al sentido de la vista y, en general, del mismo modo emplearé el verbo «ver». La percepción es un complejo proceso que involucra a nuestros sentidos como receptores y a nuestra capacidad de traducir en información lo que a través de ellos recibimos, a nuestra capacidad de generar esa información, de elaborarla e interpretarla. Se trata de un complejo proceso que supera los cinco sentidos y que no se debe exclusivamente al entorno sino también a uno mismo y a los aspectos más sutiles de todo cuanto sea objeto de nuestra percepción. Esa información resulta esencial para la vida, muchas funciones de nuestro organismo se rigen por ella; gracias a ella establecemos las relaciones con todo cuanto nos rodea, con las demás personas y con nosotros mismos, en todos los aspectos. Sin embargo, en *nuestra realidad*, ocupando el centro de nuestro particular horizonte, esa información es recibida, elaborada e interpretada por *la experiencia del yo* en base a *lo conocido* y buena parte de la misma se desvirtúa al hacerla nuestra, particular de cada uno, al sumergirla en el acuario de nuestra mente. Por poner un ejemplo, el hecho de percibir un posible peligro ante una determinada situación nos provoca miedo, lo cual viene a activar un mecanismo de defensa que forma parte de nuestro instinto de supervivencia, poniéndonos en alerta y preparando nuestra respuesta ante ese supuesto peligro; sin embargo, en *nuestra realidad*, ese mecanismo no obedece tanto a la supervivencia como a los propios miedos de cada uno, llegando a activarse ante peligros inventados por *la experiencia del yo* y poniéndonos a la defensiva ante amenazas sólo percibidas como tales en lo que de mar encierra nuestro particular horizonte, en ese escenario, amenazas que lo son sólo para el yo, para lo que creemos ser en *nuestra realidad*. En estos casos, *la experiencia del yo* no sólo nos lleva a percibir un peligro donde no lo hay sino que, además, decreta nuestra respuesta llegando incluso a automatizarla. Ocupando el centro de nuestro particular horizonte, en el escenario de *lo conocido*, lo que percibimos, lo que vemos, no es sino lo que cada qué y cada quién resulta ser en *nuestra realidad* de acuerdo a nuestras estructuras mentales.

«La lámpara del cuerpo es el ojo así que si tu ojo está sano todo tu cuerpo será iluminado, pero si tu ojo estuviese enfermo todo tu cuerpo quedará en las tinieblas. Ahora bien, si la luz que hay en ti es tinieblas, las tinieblas mismas qué serán.»

San Mateo 6, 22-23.

La luz a la que se refieren estas palabras sería la que acertamos a ver al dejar de ser en *nuestra realidad*, al liberar nuestra percepción de la óptica de nuestros catalejos, al posicionarnos ante el océano infinito que todos navegamos en vez de ante lo que de mar encierra nuestro particular horizonte. Es la luz que ilumina nuestra percepción en el escenario *lo profundamente conocido*, la que nos eleva por encima de nosotros mismos, por encima de nuestro barco; la luz del diamante oculto en el corazón de la montaña presente en cada uno de nosotros y en todo cuanto nos rodea; la luz de *lo profundamente conocido*. Un «ojo sano» sería el que percibe esta luz, el que nos despierta a *lo profundamente conocido* permitiéndonos contemplar el océano en su infinitud sin confundirlo con lo que de mar encierra nuestro particular horizonte, concediendo a nuestra percepción ese inmenso escenario. Un «ojo sano» sería el expuesto, por tanto, al escenario de *lo profundamente conocido*; el ojo que libera nuestra percepción de *la experiencia del yo*, de nuestras estructuras mentales, de *lo conocido*; el ojo que mira directamente y no a través de nuestros catalejos. «Las tinieblas», por su parte, se corresponderían con lo que percibimos en lo que de mar encierra nuestro particular horizonte, en el escenario de *lo conocido*. Un «ojo enfermo» sería el expuesto a ese escenario, a la óptica de nuestros catalejos, a su alcance y a su enfoque y, en consecuencia, el que nos sitúa en lo que podemos llamar las tinieblas de *nuestra realidad*; un «ojo enfermo» sería aquél con el que no logramos percibir más allá de esas tinieblas, más allá de *lo conocido*. Un «ojo sano» o un «ojo enfermo», «la luz» o «las tinieblas», una u otra percepción, uno u otro escenario, una u otra realidad. Finalmente, todo depende del ojo con que se mire, de «la lámpara» que iluminar en uno y con la que iluminarlo todo, la lámpara de nuestra percepción. Por otra parte, habiendo percibido esa luz también podemos extraer el diamante oculto en el corazón de la montaña, hacerlo nuestro, hacer que pase a formar parte de *nuestra realidad*, en *lo conocido*; es decir, someter la luz a las tinieblas: «Ahora bien, si la luz que hay en ti es tinieblas, las tinieblas mismas qué serán»... Se trata de despertar a *lo profundamente conocido* y habitar ese despertar en vez de sumergirlo en el acuario de nuestra mente, un despertar que se corresponde con el descubrimiento de que la realidad en la que vivimos no es aquélla en la que creemos vivir ocupando el centro de nuestro particular horizonte, un descubrimiento que, como ya he dicho, no es una empresa de mudanzas que viene a trasladarnos de una a otra realidad sino una luz que mantener encendida perseverado en la experiencia de dejar de ser en *nuestra realidad*.

A nuestra percepción se debe la realidad a la que cada cual se abraza en su vida que, en este sentido, se corresponde con la realidad que percibimos, ya sea en el escenario de *lo conocido* o en el de *lo profundamente conocido*, siendo nuestro lenguaje lo que nos confirma en una u otra realidad, lo que la hace efectiva en nuestras vidas. Ocupando el centro de nuestro particular horizonte, la realidad que percibimos es la de *lo conocido*, que surge distinta en la mente de cada uno y que puede ser muchas y diferentes en cada caso particular dada la posibilidad que tenemos de variar la óptica de nuestro propio catalejo en el escenario de *lo conocido*. Sin embargo, al conceder a nuestra percepción el escenario de *lo profundamente conocido*, nuestra percepción se libera de nuestros catalejos, de *la experiencia del yo*, de *lo conocido*, de nuestras estructuras mentales.

En los lenguajes que empleamos expresamos la percepción que tengamos de nosotros mismos, de lo que nos rodea y de todo cuanto vivimos y, en este sentido, son el referente que tenemos para descubrir lo que vemos, y lo que vemos se corresponde con la realidad en la que vivimos o con aquélla en la que creemos vivir. Detenernos a ver dónde estamos nos lleva a formularnos la pregunta ¿qué es lo que vemos? dentro de ese proceso que en sí mismo nos hace ser conscientes, ese proceso en el que perseverar en la observación de nuestras vidas por encima de nosotros mismos afrontando la experiencia de dejar de ser en *nuestra realidad*. Al conceder a nuestra percepción el escenario de *lo conocido*, el árbol que allí vemos no es sino la forma en la que cada cual reconoce la estructura mental que se haya formado en torno al concepto «árbol» y en el Sutra del Diamante podemos leer al respecto: «En un lugar donde algo pueda distinguirse a través de las formas, en aquel lugar vive el engaño». Ese lugar se corresponde con las tinieblas de *nuestra realidad*, con lo que de mar encierra nuestro particular horizonte, con nuestro ambiente subjetivo, con lo que percibimos en el escenario de *lo conocido* bajo la óptica de nuestros catalejos. Cuando lo que vemos son las formas en las que reconocemos nuestras estructuras mentales, la realidad en la que creemos vivir se impone a la realidad en la que vivimos y asistimos al carnaval que nuestro lenguaje celebra en lo que de mar encierra nuestro particular horizonte donde cada qué y cada quién pasa a vestir el disfraz de la estructura mental que le adjudiquemos. De este modo, en el lenguaje que empleamos podemos advertir, como tal, el engaño al que asistimos en *nuestra realidad*, el engaño de las formas, un engaño que desvelar al perseverar en la experiencia de dejar de ser en *nuestra realidad*, dentro de ese proceso que en sí mismo nos hace ser conscientes en el que acertar a ver, como en el ejemplo de Miguel Ángel, la realidad que ya está esculpida detrás de las formas, bajo los disfraces de nuestras estructuras mentales.

Como ya he dicho, despertar a *lo profundamente conocido* y desvelar el artificio de *nuestra realidad*, o el engaño al que en ella asistimos, son dos cuerdas trenzadas en una sola; no hay engaño que pueda advertirse como tal sin contemplarlo desde fuera y, en este sentido, el carnaval que nuestro lenguaje celebra en lo que de mar encierra nuestro particular horizonte sólo puede advertirse como tal al posicionarnos ante el océano infinito que todos navegamos. Se trata de responder a la pregunta ¿qué es lo que vemos? observando por encima de nosotros mismos nuestras palabras y acciones, nuestros pensamientos y emociones. Sólo así descubriremos la realidad que percibimos, en los lenguajes que empleamos. A continuación, voy a ir respondiendo a la pregunta ¿qué es lo que vemos? elevando nuestra percepción partiendo del centro de nuestro particular horizonte y tomando como ejemplo la experiencia del encuentro con un árbol:

Paseando la cubierta de nuestro barco, lo que vemos en lo que de mar encierra nuestro particular horizonte es la expresión de la estructura mental que cada cual se haya formado en torno al concepto «árbol». En el escenario de *lo conocido*, ocupando el centro de nuestro particular horizonte, lo que hacemos es vestir o disfrazar al ser que señalamos como árbol con la estructura mental que cada cual le tenga asignado en base a toda la información de la que dispongamos sobre aquello que denominamos «árbol». Asistimos así a la puesta en escena de esa estructura mental en el escenario de lo conocido, el acuario de nuestra mente, a la proyección de toda esa información que va desde las primeras enseñanzas en la escuela por las que un árbol era raíces, tronco, ramas, hojas, flores y frutos, hasta las interpretaciones y simbologías posteriormente aprendidas, incluyendo la experiencia directa de cada uno con lo que llamamos «árbol». Suponiendo, por ejemplo, que en la niñez nos hayamos caído de un árbol, esa experiencia formará parte de la estructura mental que tengamos formada en torno al concepto «árbol». Aquí, dos personas ven dos árboles distintos donde sólo hay uno.

Ascendamos ahora al palo mayor de nuestro barco tratando de ampliar nuestro particular horizonte y una vez allí podremos considerar que la presencia de ese ser en el planeta precede a la del concepto «árbol» en nuestra mente para aceptar su existencia como un hecho desligado de nuestras estructuras mentales, de *la experiencia del yo*, de *lo conocido*. Siendo consecuentes con este enfoque, podemos plantearnos la posibilidad de deshacernos del concepto «árbol» y de la estructura mental que nos hemos formado en torno a él, es decir, la posibilidad de percibir a ese ser sin el disfraz de árbol que le adjudicamos en *nuestra realidad*. En esa dirección, podemos pasar a ver en ese ser algo que no sea un árbol e identificarle, por ejemplo, con un «elemento no-yo». Aun sabiendo que no hemos hecho más que sustituir una estructura mental por otra adjudicando a ese ser otro disfraz pensemos que, con ello, hemos dejado prácticamente vacío el armario de nuestra mente, ahora allí sólo cuelgan dos disfraces, dos estructuras mentales, la del yo, en cuya expresión nos reconocemos a nosotros mismos, y la de «elemento no-yo», con la que vestir a todo lo demás en el escenario de *lo conocido*, donde ahora un árbol y un delfín pasarían a ser lo mismo, un «elemento no-yo». De este modo, gracias al concepto «no-yo», la muletilla o el engranaje responsable de nuestros progresos, experimentamos una ambigua sensación de libertad sin abandonar el centro de nuestro particular horizonte.

En el escenario de *lo conocido*, lo propio de nuestra percepción es *ver dos*, es decir, oponer dos estructuras mentales diferentes: Por un lado, la del sujeto que percibe, la del yo en la que nos reconocemos ocupando el centro de nuestro particular horizonte y, por otro lado, la que adjudiquemos, desde ese centro, a aquello que sea objeto de nuestra percepción, en este caso un árbol. Sin embargo, en el escenario de *lo profundamente conocido*, en el océano infinito que todos navegamos, al margen de nuestras estructuras mentales, lo propio de nuestra percepción es *ver uno* de modo que no sólo el árbol y el delfín pasen a ser lo mismo, sino que uno y otro pasen a ser lo que nosotros somos, o si se prefiere, que nosotros pasemos a ser lo que ellos son liberada nuestra percepción de la óptica de nuestros catalejos, de *la experiencia del yo*, de *lo conocido*. En definitiva, para que el árbol pueda dejar de ser en *nuestra realidad*, nosotros tenemos que dejar de ser en ella, desvestidos del yo, posicionándonos ante el océano infinito que todos navegamos en vez de ante lo que de mar encierra nuestro particular horizonte, es decir, entregándonos a la contemplación de la montaña comprobando cómo la luz del diamante oculto en su corazón hace transparente la masa rocosa que lo envuelve y surge idéntica de nosotros mismos y de todo cuanto nos rodea. Esa luz «unificadora» es lo que somos y lo que el árbol es en la realidad de *lo profundamente conocido*, lo que somos y lo que cada qué y cada quién es sin los disfraces de nuestras estructuras mentales. *Ver uno* supone iluminar con esa luz la lámpara de nuestra percepción al abandonar el centro de nuestro particular horizonte, al dejar de ser en *nuestra realidad*. Pero devolvamos ahora el concepto de «elemento no-yo» al contexto del que me he permitido raptarlo:

> «Sabemos que una flor está formada sólo de elementos no-flor como los rayos del sol, la tierra, el agua, el tiempo y el espacio. Todo cuanto hay en el cosmos se aúna para crear la presencia de una flor y esas infinitas condiciones son lo que llamamos elementos no-flor. El abono vegetal ayuda a crear una flor y la flor genera más abono vegetal; si meditamos

podremos ver el abono vegetal, aquí y ahora, en la propia flor (...) Un yo no puede existir sin los elementos no-yo, si observamos profundamente una cosa vemos en ella todo el cosmos; una sola cosa está formada de muchas otras.»

Thich Nhat Hanh

Aquí, el concepto de «elemento no-yo» responde a una acepción del término «yo» distinta a la que contempla este libro; Thich Nhat Hanh no se refiere a una estructura mental sino a la singularidad del individuo como elemento de un conjunto, dentro de un Todo, en el océano infinito que todos navegamos. No obstante, sus palabras sirven igualmente a mis planteamientos ya que condensan la esencia de todo lo que podría decirse a la hora de tratar de explicar lo que es *ver uno*. Buceando en la sensación que despiertan esas palabras podremos comprender a qué me refería cuando hablaba de acoger cada elemento del conjunto como el conjunto en sí, cuando decía que el delfín no es ya un delfín sino el océano del que forma parte, y puede que incluso la sentencia «lo que Dios ha unido no lo separe el hombre» adquiera un nuevo y revelador significado en nuestras vidas a la vista del carácter disyuntivo de nuestras estructuras mentales con que *nuestra realidad* desatiende ese sentido de unidad que es ley de vida, ley «divina». Como también nos dice Thich Nhat Hanh: «Nuestra mente es como una espada que corta la realidad en pedazos y después actuamos como si cada pedazo de realidad fuera independiente de los otros».

Nuestras estructuras mentales son las piezas del puzle que constituye la realidad de *lo conocido*.

El lenguaje que empleamos nos dice qué es lo que vemos, y lo que vemos se corresponde con la realidad que percibimos. Si al observar este hecho en ti descubres que permaneces atrapado en tu propia realidad mental no trates de remediarlo corrigiendo tu lenguaje porque entonces harás como el meteorólogo que altera las previsiones del tiempo con el fin de contentar a su audiencia o como el empresario que viendo reducidos los beneficios de su negocio corrige engañosamente las cuentas para sentirse mejor. El lenguaje que empleamos es un espejo en el que acertar a ver, con un «ojo sano», la expresión de la realidad que percibimos, sin embargo, instalados en el centro de nuestro particular horizonte, nos reconocemos ciegamente en ese espejo sin ver en él el reflejo de una u otra realidad. Para responder a la pregunta ¿qué es lo que vemos? es necesario ejercitar la distancia entre el actor o la actriz y el personaje que interpretamos en el escenario de *lo conocido*, sólo así podremos advertir en los lenguajes que empleamos la expresión de la realidad que percibimos, confirmando que la percepción que tengamos de nosotros mismos y de todo cuanto nos rodea es lo que determina la realidad a la que nos abrazamos en nuestras vidas.

LA PRÁCTICA DE VER UNO

«Hay una extraña felicidad ardiente en actuar con el pleno conocimiento de que lo que uno está haciendo puede muy bien ser su último acto sobre la tierra. Te recomiendo meditar en tu vida y contemplar tus actos bajo esa luz.»

Carlos Castaneda

Al invitarnos a «actuar con el pleno conocimiento de que lo que uno está haciendo puede muy bien ser su último acto sobre la tierra», Castaneda nos invita a vivir el momento al margen de todo camino-hacia, lo que en este libro puede traducirse como una invitación a dejar de ser en *nuestra realidad*, a detenernos a ver dónde estamos. En este sentido, la luz a la que se refiere sería la misma que nos eleva por encima de nosotros mismos, la que percibimos en el escenario de *lo profundamente conocido*, en el océano infinito que todos navegamos. El «contemplar tus actos bajo esa luz», y no sólo nuestros actos sino también nuestras palabras, pensamientos y acciones, sería precisamente lo propio de ese proceso que en sí mismo nos hace ser conscientes perseverando en la experiencia de dejar de ser en *nuestra realidad*, una experiencia que supone desvestirnos del yo y dejar de *ver dos* para *ver uno*.

Recupero ahora unas palabras que escribí anteriormente: «Es sabido que el término «religión» procede del verbo «religare», «re-unir»; en un sentido religioso, y acorde con los contenidos de este libro, ese re-unir podría interpretarse, en lo que se refiere al ser humano como elemento de un conjunto, como la acción de re-integrarle en el mismo. Por su parte, el ritual cristiano de la comunión también hace referencia a lo mismo: «común-unión». Re-unir al hombre con Dios, o lo que viene a ser lo mismo, sumar al hombre en común-unión con todas las manifestaciones de Dios entre las que se cuenta, son premisas que ponen de manifiesto nuestra condición de elementos de un conjunto, nuestro formar parte de un Todo y, con ello, la existencia de una realidad común que se corresponde con la de *lo profundamente conocido*». Tratando de ampliar horizontes, voy a traer a estas líneas la tradición cultural y espiritual de los indios americanos y más concretamente una ceremonia que guarda relación, al menos en esencia, con la comunión cristiana, me refiero a la ceremonia de la Pipa Sagrada. En esta ceremonia, los asistentes van fumando de una misma pipa cargada de tabaco; «la pipa representa al hombre en su totalidad o al universo del que el hombre es un reflejo» mientras que el fuego representa al «Gran Espíritu» que podría equiparse con el concepto de Dios, con *lo profundamente conocido*. En el libro

«El legado espiritual del indio americano», Joseph E. Brown escribe: «La pipa cargada es la Totalidad y, al añadirse el fuego del Gran Espíritu, tiene lugar un sacrifico divino en el que el universo y el hombre son reabsorbidos en el Principio y se convierten en lo que en realidad son. Al mezclar su aliento vital con el humo del tabaco, el hombre que fuma asiste al sacrificio de su propio yo y es ayudado a tomar consciencia de la Divina Presencia que está en él. Al expulsar el humo, el hombre es ayudado a tomar consciencia de que no sólo la presencia de Dios está en él sino que él y el mundo están misteriosamente sumergidos en Dios». Estamos ante un ritual que en sí mismo viene a ser un proceso de individuación e integración, un ritual que, en cuanto a ceremonia religiosa, busca re-ligar, re-unir, al hombre con Dios, o lo que viene a ser lo mismo, sumar al hombre en común-unión con todas las manifestaciones de Dios entre las que se cuenta, llevándole a descubrirse en esa suma y a descubrir esa suma en él. En principio, la acción de re-unir contempla un camino-hacia dado que presupone la existencia de una separación en algo que anteriormente estaba unido y se refiere al hecho de restaurar esa unidad. Sin embargo, hemos de pensar que tal separación sólo se percibe como tal en nuestra mente individual, ocupando el centro de nuestro particular horizonte, en el escenario de *lo conocido,* donde lo propio de nuestra percepción es *ver dos*. En consecuencia, ese re-unir se debe, más bien, a un ejercicio de la percepción, y la acción que viene a proponernos es la de *ver uno* al dejar de ser en *nuestra realidad*, al conceder a nuestra percepción el escenario de *lo profundamente conocido*, posicionándonos ante el océano infinito que todos navegamos en vez de ante lo que de mar encierra nuestro particular horizonte. No podemos plantearnos re-unir algo que se mantiene unido, simplemente se trata de dejar de verlo separado, dejar de mirar a través del catalejo que nos hace verlo así. No se trata de reconstruir en nuestra mente la realidad de *lo profundamente conocido* como si ésta fuese un vasija hecha pedazos sino de descubrir que esa vasija permanece completa e intacta, sin fragmentar, fuera de nuestra mente individual, en el océano infinito que todos navegamos, en ese otro escenario, al margen del carnaval que nuestro lenguaje celebra en lo que de mar encierra nuestro particular horizonte, al margen de nuestras estructuras mentales, las piezas del puzle de *nuestra realidad*.

El término «yoga» también hace referencia a ese re-unir y, en consecuencia, a un dejar de *ver dos*; proviene del sanscrito «ioga», derivado del verbo «iush» que significa «colocar el yugo a dos bueyes para unirlos». En el primero de los libros de la trilogía que André Van Lysebeth dedica al Yoga podemos leer: «Tradicionalmente se consideran cuatro Yogas principales: el Yoga de la búsqueda intelectual llevada hasta más allá de los límites mentales ordinarios; el Yoga del amor dirigido hacia lo divino, sea a través de una imagen, un objeto o una persona cualquiera en la que se ve lo divino; el Yoga de la concentración interiorizada; y el Yoga de la acción desinteresada, hecha más o menos directamente para lo divino» (Jean Herbert). Más adelante, en el mismo libro, se dice que las fronteras que separan estos cuatro yogas son tan finas que en la práctica terminan por diluirse y se insiste en la ignorancia que denota el hecho de cerrarse a uno sólo de esos cuatro Yogas. También se aclara que, a su vez, cada uno de ellos contempla un sinfín de aplicaciones en la práctica, un sinfín de recursos para abordar lo que en estas líneas viene a ser la práctica de *ver uno*. En el Bhagavad-Guita, el Yoga, ese dejar de *ver dos*, se entiende como el «camino de la acción», un camino que nada tiene ver con un camino-hacia: «Solamente la acción es tu obligación, jamás los frutos de ella; que el fruto de la acción no sea tu objetivo, pero nunca evites la acción misma». Si lo pensamos, el perseverar en la observación de nuestras vidas por encima de nosotros mismos sin perseguir ningún objetivo, al margen de todo camino-hacia, tiene mucho que ver con el camino que nos propone el Bhagavad-Guita. Al hablar de ese proceso en el que perseverar en la experiencia de dejar de ser en *nuestra realidad*, ese proceso que en sí mismo nos hace ser conscientes, hablamos de un camino de la acción en el que ésta, la acción, resulta ser la práctica de *ver uno*. Aquí nos referimos a «camino» en cuanto a sucesión de pasos, pero haciendo referencia a cada paso en sí mismo y no ya a la suma de ellos en una dirección. En cada paso afrontamos la experiencia de dejar de ser en *nuestra realidad* y al hablar de un camino nos referimos al hecho de perseverar en esa experiencia pero sin contemplar un destino, sin albergar propósito alguno, sin perseguir ningún objetivo. De este modo, la práctica de *ver uno* es la acción que afrontar en ese camino pero, a su vez, constituye el camino en sí, el camino de la acción.

La práctica de *ver uno* suele verse asociada a ciertos ejercicios o prácticas sujetas a rituales o disciplinas de trasfondo espiritual; sin embargo, el camino de la acción que en este libro representa esa práctica la sitúa también en otros contextos, sujeta a la espontaneidad de procedimientos intuitivos. La práctica de *ver uno* es un ejercicio de la percepción relativo a la experiencia de dejar de ser en *nuestra realidad* que puede activarse de manera natural e improvisada en las más variadas situaciones de nuestras vidas; pensemos que se trata de abandonar el centro de nuestro particular horizonte, de suspender todo camino-hacia y entregarnos a la corriente de vida en la que estamos inmersos en vez de apresarla en el acuario de nuestra mente, renunciando en esa entrega a la antinatural rigidez de movimientos a la que nos somete *nuestra realidad*, a la falta de flexibilidad con la que tratamos de amoldarnos a *lo profundamente conocido* o con la que inconscientemente nos oponemos a ello.

> «La práctica real va desde lo más superficial a lo más profundo, desde lo más tosco a lo más fino. En todas partes es mejor ser constante. La práctica es una desde el principio hasta el final pero su cualidad durante el proceso sólo puede ser conocida por uno mismo. No obstante, es necesario acabar en el punto donde el cielo es abierto, la tierra es ancha y todas las cosas son exactamente como son.»

> El Secreto de la Flor de Oro

La experiencia de dejar de ser en *nuestra realidad* ha de acogerse como tal, como experiencia, sin entender como objetivo ese dejar de ser; en ese caso, emprenderíamos un camino-hacia, ocupando el centro de nuestro particular horizonte, abrazando un propósito del yo en sí mismo inalcanzable. Si lo pensamos, hacer de la experiencia de dejar de ser en *nuestra realidad* un propósito del yo es algo totalmente contradictorio. Aquí estamos ante el mismo caso que Krishnamurti plantea en relación al hecho de «comprenderse a uno mismo» sobre el que nos dice: «No depende del tiempo, tiene que ser instantáneo». El camino de la acción que constituye la práctica de *ver uno* es un camino que en cada paso tropieza con su destino, un camino que se resume en cada dejar de ser en *nuestra realidad* y que se debe al hecho de perseverar en esa experiencia, un camino en el que habitar nuestro despertar a *lo profundamente conocido*. La práctica de *ver uno* ha de entenderse como una puerta abierta por la que poder colarnos en las más diversas situaciones, como un trampolín del que poder saltar en cualquier momento, zambulléndonos en el océano infinito que todos navegamos.

> «Debemos hacer la práctica de ser conscientes en nuestra vida cotidiana. (...) La práctica consiste en aprender a observar profundamente para percibir la verdadera naturaleza de las cosas, en captar directamente la realidad en lugar de someterla a ideas y conceptos.»
>
> Thich Nhat Hanh

Vayamos ahora al campo de lo concreto que exige toda práctica y tomemos como ejemplo esas veces en que solemos preguntarnos cómo reaccionaríamos ante supuestas situaciones que pudieran llegar a presentarse en nuestras vidas. En estos casos siempre conjeturamos nuestro futuro comportamiento en atención a *lo conocido*; sacamos a relucir un completo retrato del yo que interpretamos en *nuestra realidad*, pensamos cuál sería su respuesta ante la situación en cuestión y la hacemos nuestra; obramos como el actor o la actriz que se empapa del personaje que interpreta hasta reconocerse totalmente en él y poder predecir sobre el guión todas sus respuestas y reacciones. Ahora bien: ¿Qué sucedería si en pleno rodaje de la película el actor o la actriz protagonista se desentendiera del papel que interpreta?, ¿qué sería de su esperada actuación, de sus presentidas respuestas?, ¿cómo se desenvolvería entonces suponiendo que todo siguiera su curso, suponiendo que la cámara no dejara de filmar? Habiendo incorporado a nuestras vidas el camino de la acción que constituye la práctica de *ver uno*, cada situación nos plantea ese reto, el reto de dejar de reconocernos en el personaje que interpretamos, el reto de dejar de ser en *nuestra realidad*. Una vez hemos descubierto en qué modo sucumbimos a nuestra exclusiva realidad mental podemos intervenir en su expresión, no ya corrigiéndola sino boicoteándola en lo que sería un acto de rebeldía en respuesta a la imperante tiranía de *lo conocido* presidida por *la experiencia del yo*; un acto de liberación relativo a la experiencia de dejar de ser en *nuestra realidad*. A efectos prácticos, y expresado de un modo muy sencillo, se trataría de un acto de desobediencia al yo en el que inconscientemente nos reconocemos y que desde su restringida experiencia manipula nuestra vida dictándonos en todo momento lo que hemos de hacer o decir, lo que hemos de pensar o sentir, en base a su particular visión de las cosas, de acuerdo a la percepción que hagamos o tengamos de nosotros mismos y de todo cuanto nos rodea ocupando el centro de nuestro particular horizonte, en el escenario de *lo conocido*. Hablamos de conceder a nuestra percepción y a su correspondiente expresión otro escenario, el de *lo profundamente conocido*, y de hacerlo ante las más variadas situaciones de nuestra vida, en las más diversas escenas de nuestra película; hablamos de renunciar a la expresión de la realidad que percibimos en lo que de mar encierra nuestro particular horizonte. Ese acto de rebeldía, de liberación, de desobediencia resulta ser un pacífico acto de renuncia que conlleva una entrega al momento, a la corriente de vida en la que estamos inmersos, atendiendo a sus demandas y no a las ofertas que queramos ver instalados en el centro de nuestro particular horizonte, lo que en general podría traducirse en el hecho de adaptar nuestra percepción, nuestros sentidos, a su ambiente objetivo en vez de adaptar ese ambiente objetivo a nuestra percepción. En este sentido, es necesario aclarar que esa entrega no se refiere a un simple e interesado dejarse llevar sino a un dejar de ser en *nuestra realidad* que supone renunciar al yo que interpretamos o en el que inconscientemente nos reconocemos en *lo conocido* sin enfrentarnos a él; renunciar a su habitual percepción de las cosas y a su correspondiente expresión en nosotros mismos y en nuestras vidas; renunciar a *la experiencia del yo*, a nuestros catalejos.

Recupero ahora una cita de Gandhi que he empleado anteriormente: «La idea de que la renuncia era la forma de religión más elevada me atraía profundamente».

Como «forma de religión», de acuerdo a la literal traducción del verbo «religare», esa renuncia nos lleva a re-unir en el sentido de renunciar a la percepción que nos hace *ver dos* en lo que de mar encierra nuestro particular horizonte para percibir directamente, y no a través de nuestros catalejos, el océano infinito que todos navegamos. Hablamos de dejar de *ver dos* para *ver uno* o, mejor dicho, de renunciar a *ver dos* sin perseguir el objetivo de *ver uno*, un objetivo que de por sí viene dado: «Solamente la acción es tu obligación, jamás los frutos de ella; que el fruto de la acción no sea tu objetivo pero nunca evites la acción misma», es decir, renunciar a *ver dos*, en esto consiste la práctica de *ver uno*.

El Budismo contempla tres aflicciones básicas del ser humano a las que renunciar: el deseo, el odio y la ignorancia, y en los tres casos se trata de renunciar a *ver dos*. La ausencia de deseo se corresponde con la ausencia de propósito y, dado que todo propósito siempre es del yo en el uno se reconoce, el renunciar a nuestros deseos supone desvestirnos del yo y, por tanto, renunciar a *ver dos*. Lo mismo puede decirse si hablamos del odio, sólo concebible ocupando el centro de nuestro particular horizonte, al *ver dos*, o si hablamos de la ignorancia, relativa al hecho de no percibir otra realidad que la de *lo conocido* aferrándonos a ésta, proyectando en todo nuestras estructuras mentales sin ver más allá de lo que encierra nuestro particular horizonte, sin asomar la cabeza fuera del acuario de nuestra mente, sin conceder a nuestra percepción más escenario que el de *lo conocido*. En lo que se refiere a la primera de las tres aflicciones que contempla el Budismo, es absurdo desear la ausencia de deseo y perseguirla como objetivo. En este sentido, en general resulta igualmente absurdo responder a cualquier propósito del yo en cuya consumación intermedie el desvestirse del yo, la experiencia de dejar de ser en *nuestra realidad*. En el camino de la acción que constituye la práctica de *ver uno*, relativo al hecho de perseverar en la experiencia de dejar de ser en *nuestra realidad*, un deseo no es algo a lo que hayamos de enfrentarnos con el objetivo de deshacernos de él o en respuesta a cualquier otro propósito, por elevado que pueda parecernos. Todo deseo viene a brindarnos la oportunidad de afrontar la acción que contempla ese camino, es decir, la de renunciar a *ver dos*. Habiendo incorporado a nuestras vidas ese camino de la acción, ese proceso que en sí mismo nos hace ser conscientes, cada deseo del yo, como tantas otras cosas, nos brinda la oportunidad de presionar el interruptor dejar de ser en *nuestra realidad* entregándonos a la experiencia que en cada ocasión nos aguarde fuera del acuario de nuestra mente, en el escenario de *lo profundamente conocido*. En general, se trata de advertir esa oportunidad, la de presionar ese interruptor en los más variados contextos y situaciones. Podemos renunciar a un deseo con la consciencia de renunciar a *ver dos* pero de igual modo, con esa misma consciencia, también podemos renunciar, por poner otros ejemplos, a una presentida respuesta ante una determinada situación, a un impulso o a una repentina opinión fruto de *la experiencia del yo*, al enfoque que acostumbremos a dar a un determinado asunto, a nuestros planteamientos sobre cualquier cosa, a una idea creada, a un hábito, a una costumbre, a la imagen que nos hayamos formado de nosotros mismos o de otra persona, a nuestra particular y afectada percepción de un árbol, a nuestra habitual manera de hacer una determinada cosa o de comportarnos en cierto contexto, etc. En estos y otros muchos casos podemos desvestirnos del yo, entregarnos a la experiencia de dejar de ser en *nuestra realidad* acogiéndola como tal, como experiencia, aquélla en la que perseverar dentro del camino de la acción que constituye la práctica de *ver uno*.

Al elevarnos por encima de nosotros mismos, superando los límites de nuestro particular horizonte, surgen nuevas perspectivas, nuevos enfoques, se amplía y diversifica nuestra percepción de las cosas y aprendemos a cuestionar *lo conocido* y *la experiencia del yo*. Así descubrimos que, en el escenario de *lo conocido*, en lo que de mar encierra nuestro particular horizonte, la realidad que percibimos varía en función del propio catalejo y que, en ese escenario, cada cual asiste a su propia realidad. Esto nos lleva a flexibilizar la percepción que uno haga o tenga de sí mismo y de todo cuanto le rodea y a considerar igualmente válida y respetable la de los demás, lo que a efectos psicológicos supone arrancar el motor de las habilidades sociales. Si lo pensamos, es absurdo aferrarnos rígidamente a nuestra exclusiva realidad de *lo conocido*, en cada caso obedece siempre a *la experiencia del yo* y ésta, por muy amplia y variada que sea, se limita siempre a lo que de mar encierra nuestro particular horizonte, al escenario de *lo conocido*, donde lo más consecuente, por tanto, es abrir un amplio abanico de posibilidades a la percepción y a su correspondiente expresión en nosotros mismos y nuestras vidas, un abanico que además resulta ser la herramienta de la que disponemos para boicotear la expresión de *nuestra realidad*, el carnaval que nuestro lenguaje celebra en lo que de mar encierra nuestro particular horizonte. Al decir no a la expresión de una realidad generamos un vacío ante el que poder percibir la expresión de otra realidad, renunciando con ello a la percepción que hagamos o tengamos de algo en concreto y haciendo sitio a otra dando paso a su correspondiente expresión en nosotros mismos y nuestras vidas, en nuestras palabras y acciones, en nuestros pensamientos y emociones. Tal negación, tal renuncia, nos advierte del modo en que podemos llegar a cerrar, en ese vacío, el ruidoso grifo de *nuestra realidad* y concedernos la oportunidad de escuchar el manantial de *lo profundamente conocido* que brota constantemente en nosotros mismos y en nuestras vidas. El océano infinito que todos navegamos es una gran sinfonía llena de matices en la que nuestra mente individual irrumpe como un instrumento desligado de la orquesta, interpretando estridentemente su particular partitura en lo que resulta ser un concierto para un solo instrumento. Dejar de ser en *nuestra realidad* es dejar de interpretar ese concierto, silenciar nuestra mente individual para percibir esa sinfonía y nuestra participación en ella. Sirviéndose de esta misma metáfora, Gandhi nos invita a desconfiar de nuestros sentidos sometidos, en *nuestra realidad*, a *lo conocido* y a *la experiencia del yo*: «Tenemos que dejar de percibir a Dios a través de los sentidos. Dentro de nosotros suena la música divina pero los ruidosos sentidos ahogan la delicada música que es diferente e infinitamente superior a todo lo que podemos percibir con nuestros sentidos». Frente a los lenguajes de la acción y la palabra tenemos los de la no-acción y el silencio, comprometiendo también a nuestros pensamientos y emociones. Suspender la expresión de *nuestra realidad* supone renunciar a ella silenciando nuestra mente individual, favoreciendo que el yo se disuelva pacíficamente, sin enfrentarnos torpemente a él, y que la realidad de *lo profundamente conocido* pueda manifestarse a través nuestro sin la obstrucción o el filtro de nuestros catalejos. A este respecto, podemos leer en Los Evangelios según San Mateo: «Ya no seréis vosotros los que hablaréis sino el Espíritu de vuestro Padre el que hablará por vosotros», el Gran Espíritu de los indios americanos, *lo profundamente conocido.*

Ocupando el centro de nuestro particular horizonte podemos modificar la realidad que percibimos variando la óptica de nuestros catalejos sin que esa realidad deje de ser la realidad de *lo conocido.* Si hablamos de renunciar a la realidad que percibimos en lo que de mar encierra nuestro particular horizonte, hablamos de conceder a nuestra percepción otro escenario, el de *lo profundamente conocido*, desvestidos del yo y liberando igualmente a cada qué y a cada quién del disfraz de su correspondiente estructura mental. En cada dejar de ser en *nuestra realidad* asistimos, como en la ceremonia de la Pipa Sagrada, a un «sacrificio del yo» que viene a posicionarnos ante el océano infinito que todos navegamos en vez de ante lo que de mar encierra nuestro particular horizonte.

Hablamos de desvestirnos del yo, lo cual nos lleva a pensar en las repercusiones sociales de semejante estriptis: ¿Qué sería de las relaciones humanas si a todos nos diera por dejar de ser en la realidad de *lo conocido*?, ¿qué sucedería si a todos nos diera por renunciar definitivamente a nuestra singular condición de ser en esa realidad, al yo en el que nos reconocemos ocupando el centro de nuestro particular horizonte? En el libro «Las puertas de la percepción» surgen en otros términos estas mismas cuestiones y refiriéndose a lo que en estas líneas se entiende como *ver uno* Aldous Huxley escribe: «Esa participación en la gloria manifiesta de las cosas no dejaba sitio, por decirlo así, a lo ordinario, a los asuntos necesarios de la existencia humana y, ante todo, a los asuntos relacionados con las personas»; una reflexión que, sin embargo, no le impide decir más adelante: «Así es como deberíamos ver, repetí una vez más y hubiera podido añadir: Éstas son las cosas que deberíamos mirar, cosas sin pretensiones, satisfechas de ser meramente ellas mismas, contentas de su identidad, no dedicadas a representar un papel, no empeñadas locamente en andar solas, aisladas del Dharma-Cuerpo, en lucífero desafío a la gracia de Dios».

En lo que de mar encierra nuestro particular horizonte lo que hacemos es convertir el océano infinito que todos navegamos en un puzle adjudicando a cada qué y cada quién una estructura mental. En el escenario de *lo conocido* todo, incluyéndonos a nosotros mismos, se convierte en las piezas del puzle de *nuestra realidad* en base a las diferencias que distinguen a cada pieza, a cada estructura mental. Una de las principales diferencias que en cada caso distinguen a la estructura mental del yo es la personalidad, la diferencia individual que constituye a cada persona y la distingue de las demás, siendo nuestra persona, o el propio yo de cada uno, el personaje en el que nos reconocemos vistiendo ese disfraz, la estructura mental del yo. Curiosamente, es sabido que la palabra «persona» proviene del latín y significa «máscara», la usada por un actor o una actriz en su interpretación de un personaje teatral.

Al hablar de la realidad de *lo conocido* nos referimos a la propia de cada uno, sin embargo, no deja de ser una realidad aparentemente común a todos y, en este sentido, más que de una realidad común, tendríamos que referirnos a una congregación de distintas realidades bajo el común denominador de *lo conocido*. Ahora bien, esa congregación no es simplemente el contexto en el que se establece la comunicación entre las personas ocupando, cada cual, el centro de su particular horizonte; a esa congregación se debe la puesta en común de *lo conocido* en el basto universo de la mente humana y la puesta en común de *la experiencia del yo* en la llamada experiencia colectiva. Con las lógicas variaciones que resultan de las diferencias culturales, todo grupo humano, toda sociedad, obedece a una congregación de distintas realidades bajo el común denominador de *lo conocido*; digamos que cada sociedad o cultura responde a una u otra versión de dicha congregación.

El planteamiento de desvestirnos del yo para siempre, que se corresponde con el de renunciar de igual modo a *nuestra realidad*, conlleva el de ausentarnos definitivamente de esa congregación de distintas realidades bajo el común denominador de *lo conocido*, algo que entra en conflicto con la naturaleza de nuestra especie, con nuestra condición humana. Es por este motivo que en este libro la experiencia de dejar de ser en *nuestra realidad* se entiende como tal, como experiencia en la que perseverar, sin contemplar ese dejar de ser como un destino que alcanzar y en el que instalarnos. No se trata, por tanto, de liberarnos para siempre del yo y, con ello, de nuestra exclusiva realidad mental, abandonando definitivamente nuestro particular escenario de *lo conocido*; se trata de cultivar nuestro ser conscientes perseverando en la experiencia de dejar de ser en *nuestra realidad*, habitando el descubrimiento de que la realidad en la que vivimos no es aquélla en la que creemos vivir ocupando el centro de nuestro particular horizonte, sabiendo que la estructura mental del yo es un disfraz que cada cual ha de vestir y aprender a llevar en la jurisdicción de *lo conocido*, en esa humana congregación de distintas realidades bajo el común denominador de *lo conocido*. Al incorporar a nuestras vidas el camino de la acción que constituye la práctica de *ver uno* lo que sucede es que el yo en el que inconscientemente nos reconocemos en el escenario de *lo conocido* pasa a acogerse como el personaje que interpretamos en ese escenario, sin pretender desterrarlo de nuestras vidas. Existe una notable diferencia entre reconocernos en ese papel o interpretarlo y resulta que el camino de la acción que constituye la práctica de *ver uno* nos hace interpretarlo. Se trata de perseverar en la experiencia de dejar de ser en *nuestra realidad* desvistiéndonos del yo pero sin deshacernos de este disfraz que habremos de volver a ponernos y seguir vistiendo, cada vez, eso sí, de otra manera, con otra consciencia. A medida que perseveremos en ese camino de la acción, el artificio de *nuestra realidad*, además de verse iluminado mostrándose tal cual ante nuestros ojos, también se irá viendo influenciado por la propia luz que le delata y, entre otras cosas, los disfraces de nuestras estructuras mentales, incluyendo el del propio yo, resultarán cada vez más livianos e irán ganando en transparencia. Es cierto que esa luz es la que ilumina el escenario de *lo profundamente conocido* al que asistimos al dejar de ser en *nuestra realidad*, sin embargo, también es cierto que, a fuerza de percibirla, esa luz se vislumbra cada vez en mayor medida en el escenario de *lo conocido* donde irá ganando al tejido de *nuestra realidad*. Son muchas las repercusiones que ese camino de la acción puede tener no ya sólo en nosotros mismos y nuestras vidas sino también en nuestro entorno y en las demás personas, repercusiones que resulta absurdo acoger como anticipados objetivos, abrazando el propósito de lograrlas, ya que son del todo impredecibles y escapan al alcance de nuestros catalejos, a nuestro criterio de búsqueda y a lo concreto de todas nuestras sospechas y expectativas.

El yo de cada uno, nuestra persona («máscara»), lo que creemos ser en *nuestra realidad*, ocupando el centro de nuestro particular horizonte, no es sino el personaje a interpretar en la jurisdicción de *lo conocido* teniendo presente que todos mantenemos un sinfín de relaciones fuera de esa jurisdicción, en una realidad verdaderamente común a todos y a todo, la de *lo profundamente conocido*. Desde el movimiento de los planetas hasta la actividad de un pequeño insecto en el jardín, en cada instante se dan cita un sin fin de acontecimientos fundamentales para la vida que cada día se inaugura en nuestro planeta. Por muy desapercibida que se nos pase la floración de un arbusto en la montaña, el recorrido de una lombriz bajo tierra o el ajetreo del mar en la rompiente, siempre mantendremos con éstos y otros acontecimientos una relación vital. Cada pequeña manifestación de la vida nos recuerda que somos parte de un Todo y que el océano infinito que navegamos nada tiene que ver con aquél que «conocemos». Todas esas manifestaciones con las que guardamos una relación vital vienen a demostrarnos que la realidad en la que vivimos no es aquélla en la que creemos vivir ocupando el centro de nuestro particular horizonte y, en suma, nos llevan a descubrirlo y a detenernos a ver dónde estamos.

Es obvio que las relaciones con uno mismo, con las demás personas y con todo cuanto nos rodea no sólo acontecen en la realidad de *lo conocido*, también lo hacen, paralelamente, en la realidad de *lo profundamente conocido*. Todo cuanto acontece y es objeto de nuestra percepción en lo que de mar encierra nuestro particular horizonte puede ser percibido de otro modo, «bajo otra luz», en el océano infinito que todos navegamos. No creo equivocarme al decir que todos hemos tenido alguna vez la sensación de asistir paralelamente a dos realidades en las que una misma vivencia parece vibrar a un tiempo en dos planos diferentes; me refiero, por ejemplo, a la conexión que en un momento dado podamos sentir con otra persona en el escenario de *lo conocido* y, a su vez, en el de lo *profundamente conocido*, desvestidos del yo, sin tinieblas de por medio. Lo que sucede en estos casos es que la percepción de la realidad en la que vivimos y la percepción de aquélla en la que creemos vivir ocupando el centro de nuestro particular horizonte se dan cita en ese instante, junto a lo que somos y a lo que creemos ser ocupando el centro de nuestro particular horizonte, evidenciando la posibilidad de despertar a *lo profundamente conocido* y descubrir el artificio de *nuestra realidad*, su edificación, sin pretender dinamitarla. Si lo pensamos, lo que de mar encierra nuestro particular horizonte es, en su misma apreciación, parte del océano infinito que todos navegamos, lo que de ese océano percibimos ocupando el centro de nuestro particular horizonte, bajo la óptica de nuestros catalejos, en *la realidad de lo conocido* .

Perseverar en la experiencia de dejar de ser en *nuestra realidad* dentro del camino de la acción que constituye la práctica de *ver uno* nos lleva a asistir conscientemente a la realidad de *lo profundamente conocido* sin desterrar de nuestras vidas a la realidad de *lo conocido*, aquélla en la que creemos vivir ocupando el centro de nuestro particular horizonte. Por el contrario, en *nuestra realidad*, eso es precisamente lo que hacemos con la realidad de *lo profundamente conocido*, desterrarla a una isla del tesoro hacia la que poner rumbo desde el centro de nuestro particular horizonte, es decir, convertir *lo profundamente conocido* en un espejismo que percibir desde ese centro.

«Cabe que el arahat y el quietista no practiquen la contemplación en su plenitud pero, si la practican de algún modo, pueden traer informes esclarecedores de otro y trascendente campo del espíritu y, si la practican en la cumbre, se convertirán en conductos por los que puede llegar, desde ese campo, cierta benéfica influencia a un mundo de ofuscados sí-mismos, que están crónicamente muriendo por falta de ella.»

Aldous Huxley

Esa «contemplación» hace referencia a la práctica de *ver uno* y por «informes esclarecedores» podemos entender todos los derivados del descubrimiento de que la realidad en la que vivimos no es aquélla en la que creemos vivir ocupando el centro de nuestro particular horizonte. Cada dejar de ser en *nuestra realidad* nos eleva en el eje en torno al cual gira nuestra percepción y nos sintoniza, a distintos niveles, con *lo profundamente conocido* arrojando, a mayor altura, mayor luz sobre nosotros mismos y nuestras vidas. Dado que la práctica de *ver uno* se debe a una percepción que, como cualquier otra, halla su expresión en nosotros mismos y nuestras vidas, el hecho de percibir la luz de *lo profundamente conocido* conlleva manifestarla a través nuestro. Dejar de ser en *nuestra realidad* supone desvestirnos del yo, vaciarnos de nosotros mismos y experimentar ese vacío, el que dejan las tinieblas de *nuestra realidad* dando paso a la luz de *lo profundamente conocido* sin la obstrucción o el filtro de nuestros catalejos.

El equilibrio que mantengamos con *lo profundamente conocido* se demostrará en la misma medida en que hagamos sitio a ese vacío y tal equilibrio se ve fuertemente establecido en aquellas personas a las que se considera «iluminadas», canales por los que la luz de *lo profundamente conocido* irrumpe en las tinieblas de otras personas, esos «conductos» a los que Huxley se refiere. Al percibir la luz de *lo profundamente conocido*, ésta se manifestará en nuestros pensamientos y emociones, en nuestras palabras y acciones, en nuestra sola presencia, activando lo imprevisible y afortunado de sus repercusiones en nosotros mismos y en nuestro entorno.

En lo referente al equilibrio que mantenemos con *lo profundamente conocido*, lo físico y lo mental van de la mano. Al abandonar el centro de nuestro particular horizonte, nuestro cuerpo se libera del asfixiante abrazo del yo y deja de verse afectado por la rigidez, los bloqueos y las tensiones que solemos padecer ocupando ese centro expuestos a la expresión, en nosotros mismos y nuestras vidas, de todo lo que percibimos bajo la óptica de nuestros catalejos. Entre otras prácticas, la del Yoga viene a liberarnos de ese abrazo haciéndonos experimentar nuestro equilibrio con *lo profundamente conocido* sumando, como digo, lo físico y lo mental. Lo mismo sucede con el Tai-Chi, el Chi-Kung o con cualquier otra disciplina o práctica que nos lleve a conectar cuerpo y mente en el escenario de *lo profundamente conocido*, cultivando nuestro ser conscientes dentro del camino de la acción que constituye la práctica de *ver uno*. Nuestro formar parte de un Todo es algo que podemos experimentar directamente al ensanchar nuestros pulmones y, en este sentido, *lo profundamente conocido* se corresponde con la corriente de vida que habitamos y nos habita.

Al hablar de nuestro equilibrio con *lo profundamente conocido*, hablamos del equilibrio presente en el océano infinito que todos navegamos, en ese escenario que conceder a nuestra percepción al abandonar el centro de nuestro particular horizonte, al renunciar a *ver dos*, al dejar de ser en *nuestra realidad*. Hablamos del equilibrio natural que el artificio de *nuestra realidad* desvirtúa en nuestra mente individual y, en consecuencia, también en nuestro cuerpo, en nuestro organismo. Ocupando el centro de nuestro particular horizonte, cada cual es víctima de su propia alteración de ese equilibrio, cada cual sufre, en lo físico y lo mental, las manifestaciones de su particular desequilibrio.

Por escrito, la realidad de *lo profundamente conocido* no es sino una idea, una imagen mental que asociar a ese conjunto del que todo forma parte, a nuestra presencia en el mismo y a su presencia en cada uno de nosotros, un concepto que en este libro atiende a la experiencia del que escribe. Como ya he dicho, no basta con acoger una idea, con formarnos una imagen mental, aquí cada cual ha de experimentar directamente *lo profundamente conocido*. Lo desprendido de la práctica de *ver uno* no puede sostenerse en *nuestra realidad* y, en caso de hacerlo, adoptará en nuestra mente una forma que no le es propia; por este motivo son necesarias dos cosas: Experimentar directamente *lo profundamente conocido* como la corriente de vida que habitamos y nos habita y depositar en lo mental nuestra fe entendida como un recipiente distinto al de *lo conocido* en el que volcar nuestra iluminada percepción a salvo de nuestras estructuras mentales. La fe viene a ser el tejido en el que enhebrar la imaginación, entendida como la capacidad de ver más allá de nosotros mismos, con el concepto de realidad. La fe es el recurso del que disponemos para evitar sumergir *lo profundamente conocido* en el acuario de nuestra mente. Tener fe es algo directamente relacionado con el hecho de experimentar nuestra condición de ser elementos de un conjunto, nuestro ser parte de un Todo, y con el hecho de creer en ese sueño de la isla del tesoro al que me refería al comienzo de este libro: «Sólo podrá creer en este sueño quien lo afronte a la altura que le es propia, a la altura de los sueños, por encima de uno mismo; quien divise el océano superando los límites de su propio horizonte y acierte a ver otra realidad. Cuando esto ocurre, despertamos a esa realidad y surge en nosotros la necesidad de parar, de anclar el barco y detenernos a ver dónde estamos».

Después de pasar un tiempo anclado en mar abierto, habitando mi despertar a *lo profundamente conocido*, habitando el descubrimiento de que la realidad en la que vivimos no es aquélla en la que creemos vivir ocupando el centro de nuestro particular horizonte, llegó un momento en el que miré al cielo sin buscar ya en las estrellas un rumbo para mis velas y obtuve esta respuesta: Deja que todo siga su curso, leva anclas, suelta velas y entrégate al viento que disipa la niebla que te impide *ver uno*; haz sitio en tu vida a ese viento.

LEVAR ANCLAS

DE LA EXPERIENCIA DEL YO A LA
EXPERIENCIA DEL AMOR

«Entonces dijo a sus discípulos: Si
alguno quiere seguirme que renuncie a sí
mismo, que tome su cruz y venga en mi
compañía.»

San Mateo 16, 24.

Los Cuatro Evangelios son una muestra de la
sabiduría que encierran los textos sagrados de los que
nacen las religiones, una sabiduría que, como ya he
dicho, no hay que confundir con las interpretaciones y
el uso que éstas hacen de aquéllos. La figura y la vida
de Jesús, cosidas al mensaje en que se traducen sus
enseñanzas, se han convertido en el estandarte de una
de esas mareas colectivas en las que suele ahogarse

la experiencia individual que supone despertar a *lo profundamente conocido* y habitar ese despertar; sin embargo, el tomar a Jesús y a su vida como ejemplo no supone necesariamente sucumbir a ese estandarte. En este sentido, es importante entender la figura, la vida y el mensaje de Jesús como una de las ventanas por las que podemos asomarnos para respirar la esencia de una experiencia que cada cual ha de afrontar individualmente y a su manera.

Aun no viendo en Los Cuatro Evangelios sino una ficción o la recreación de unos hechos al margen de un riguroso criterio histórico, lo cierto es que las palabras que se atribuyen a Jesús constituyen, en esencia, una invitación a detenernos a ver dónde estamos y condensan una sabiduría de la que podemos beber sin necesidad de entrar a considerar si todo aquello sucedió o si, en tal caso, lo hizo como se nos cuenta. Otra cosa es que esa invitación llegue a vibrar en nosotros y respiremos profunda y verdaderamente esa sabiduría al asomarnos a esa ventana pero, surcando las páginas de este libro, cuando Jesús nos invita a renunciar a nosotros mismos, a tomar nuestra propia cruz y a ir en su compañía, resulta difícil no ver en ello una invitación a desvestirnos del yo, a abandonar el centro de nuestro particular horizonte, a habitar nuestro despertar a *lo profundamente conocido,* sin renunciar a nuestra exclusiva realidad mental, y a servirnos de su ejemplo en el sentido y la medida que reclame la experiencia de cada uno. En cierto sentido, esa cruz puede identificarse con *nuestra realidad*, la propia de cada uno, o con el yo y el hecho de *ver dos* que obviamente determina nuestras vidas en la realidad de *lo conocido* como una inevitable y necesaria carga de la que es preferible ser conscientes concediendo a nuestra percepción el escenario de *lo profundamente conocido*.

Por otro lado, la premisa de que todos somos «hijos de Dios» nos lleva, en este libro, a revisar el concepto de «Dios Padre», creador de todas las cosas, responsable del origen del universo, de la vida y de todas sus manifestaciones. Tal concepto expresa la idea de que cada elemento del conjunto debe su existencia al conjunto en sí, estableciendo, en ese sentido, una relación paternal entre el conjunto y sus elementos, una relación unidireccional que a mi entender desatiende el hecho de que, a su vez, el conjunto debe su existencia a los elementos que lo integran. Obviamente el creador siempre lo es gracias a su creación, sin ella no lo sería, y el padre es padre porque sus hijos le hacen ser tal. El distinguir entre el creador y lo creado, entre el padre y el hijo, implica *ver dos* y esto, si de Dios hablamos en los términos que recoge este libro, resulta contradictorio. El considerar a Dios nuestro padre y, a nosotros, en consecuencia, hijos suyos, es algo que viene a distanciar al hombre de Dios, a posicionarnos frente a Él, no ya en Él y a hacernos merecedores de sus premios y castigos, lo cual a lo largo de la historia ha venido a otorgar un bastón de mando a los autoproclamados «representantes de Dios en la Tierra», con potestad para juzgar y premiar o castigar nuestras acciones en esa aparentemente común realidad de *lo conocido*, en esa congregación de distintas realidades bajo el común denominador de *lo conocido*. El concepto de «Dios Padre» también nos lleva a distinguir entre el Cielo y la Tierra cuando, en el escenario de *lo profundamente conocido*, el Padre y el Hijo, el Cielo y la Tierra, son uno. En este libro, el concepto de Dios se identifica con la corriente de vida que habitamos y nos habita, la que en todo participa y de la que todo es parte y, en este sentido, Dios está en cada uno de nosotros y cada uno de nosotros en Él, una idea abstracta difícil de expresar para la que todos los conceptos resultan escurridizos, incluyendo el de *lo profundamente conocido*, una idea que más que tratar de comprender hemos de experimentar al afrontar la práctica de *ver uno*, al renunciar a *ver dos*.

Por un lado, son muchos los caminos que se nos proponen en el escenario de *lo conocido* para alcanzar la realidad de *lo profundamente conocido* y, por otro lado, todos hemos oído citar la frase «todos los caminos llevan a Roma». Identifiquemos, por un momento, la realidad de *lo profundamente conocido* con esa ciudad. Si sabemos que siempre está en el mismo sitio, lo que hace que los caminos que conducen a ella sean distintos no es otra cosa que el lugar del que parten. Suponiendo que todos nos dirigiéramos allí desde un mismo punto, el camino a recorrer sería uno y eso es, precisamente, lo que queda reflejado en este libro, el hecho de que todos partimos de un mismo lugar, aquél en el que reside el engaño de las formas, las tinieblas de *nuestra realidad*. En este sentido, podríamos hablar de un camino único que no sería un camino a recorrer en una dirección puesto que ya estamos en el lugar al que supuestamente nos conduciría, en palabras de Huxley: «siempre hemos estado donde deberíamos estar». No hablamos, por tanto, de un camino-hacia que emprender desde el centro de nuestro particular horizonte satisfaciendo un propósito del yo sino de cultivar nuestro ser conscientes perseverando en la experiencia de dejar de ser en *nuestra realidad*; hablamos del camino de la acción que constituye la práctica de *ver uno* sin contemplar una única manera de afrontar esa práctica, entendiendo que cada individuo tiene o puede hallar la suya o las suyas propias recurriendo a su propia experiencia, a sus vivencias, a diversas prácticas heredadas por una u otra vía, a la inspiración hallada en textos de diversa índole o en una u otra religión o filosofía, etc.

Al dejar de ser en *nuestra realidad* y contemplar el océano infinito que todos navegamos, descubrimos que la realidad en la que vivimos no es aquélla en la que creemos vivir ocupando el centro de nuestro particular horizonte. La diferencia entre pasar habitar tal descubrimiento o sumergirlo en el acuario de nuestra mente radica en dos maneras de navegar ese océano infinito: Por un lado, confundiéndolo, como hasta entonces, con lo que de mar encierra nuestro particular horizonte haciendo, como suele decirse, oídos sordos ante tal descubrimiento y, por otro lado, pasando a habitar nuestro despertar a *lo profundamente conocido*. Ahora bien, éstas no son dos opciones ante las que, llegado el momento, debamos decidirnos, más bien podríamos compararlo con un accidente geográfico en el cauce de un río que éste superará de manera natural; será el empuje o la fuerza que traiga la corriente al llegar a ese punto, lo que nos lleve por uno u otro lado. En cualquier caso, lo importante es tener claro que lo que aquí se nos presenta no es la posibilidad de navegar o no ese océano infinito sino la oportunidad de hacerlo de otra manera, como tampoco la posibilidad de liberarnos de *nuestra realidad* sino la de acogerla de otro modo.

Al observar nuestras vidas por encima de nosotros mismos, abandonando el centro de nuestro particular horizonte, despertamos a *lo profundamente conocido* y descubrimos el engaño al que asistimos en *nuestra realidad*; sin embargo, tal descubrimiento no viene a liberarnos del secuestro de *nuestra realidad* y tampoco hemos de perseguir ese rescate como tal. Habiendo incorporado a nuestras vidas el camino de la acción que constituye la práctica de *ver uno*, por más que nuestro lenguaje nos confirme en *nuestra realidad*, haciéndola efectiva en nuestras vidas, no estaremos esposados a ella. Una vez descubierto el océano infinito que todos navegamos, lo que nos hace libres es la posibilidad de conceder a nuestra percepción ese escenario, el de *lo profundamente conocido*, la posibilidad de desvestirnos del yo en cualquier momento. Digamos que no es tanto el hecho de cruzar esa puerta como el mantenerla abierta ejercitando la distancia entre el actor o la actriz y el personaje que interpretamos en *nuestra realidad*, una distancia que obviamente implica *ver dos* y en la que, por este motivo, hemos de evitar quedar atrapados; de ahí que en todo momento hable de «ejercitar» esa distancia entendiéndola como un recurso para evidenciar el hecho de que en la realidad de *lo conocido* asistimos a una película en la que interpretamos un papel junto a todo cuanto percibidos desde el centro de nuestro particular horizonte, en base a nuestras estructuras mentales. Al ejercitar esa distancia no estamos afrontando la experiencia de dejar de ser en *nuestra realidad*, son cosas distintas, lo primero viene a ser un ejercicio que nos acerca a lo segundo mostrándonos la punta del iceberg que, surcando lo que de mar encierra nuestro particular horizonte, acostumbramos a esquivar como si nada; un iceberg que en cada ocasión nos invita a detenernos a ver dónde estamos, a disipar la niebla que nos impide ver la mole de hielo y el océano infinito en que se encuentra, a elevar nuestra percepción por encima de nosotros mismos, a dejar de ser en *nuestra realidad*. Al ejercitar nuestra condición de actores o actrices distanciándonos del yo que interpretamos en *nuestra realidad* se pone de manifiesto nuestra condición de artistas y la posibilidad de asumir esa condición. Es el artista quién en cada uno de nosotros tiene la capacidad de ver más allá de nosotros mismos, más allá de lo que de mar encierra nuestro particular horizonte; es el artista en cada uno de nosotros quien viene a conceder a nuestra percepción otro escenario, el de *lo profundamente conocido*; y es el artista, por tanto, quien en cada uno de nosotros viene a pulsar el botón dejar de ser en *nuestra realidad*. De ahí la importancia de asumir nuestra condición de artistas y lo conveniente de ejercitar en esa dirección la distancia entre el actor o la actriz y el personaje que interpretamos en el escenario de *lo conocido*. Como ya he dicho, asumir nuestra condición de artistas supone incorporar la Educación Artística que contempla este libro al proceso de individuación e integración que de por sí constituye la propia vida de cada uno a fin de tomar consciencia de que en los lenguajes que empleamos expresamos la realidad que percibimos, nuestra percepción de nosotros mismos y de todo cuanto nos rodea.

El descubrir la realidad a la que asistimos fuera de nuestra mente individual no se debe a un esfuerzo intelectual sino al hecho de haber vivenciado esa realidad al dejar de ser en *nuestra realidad*, al conceder a nuestra percepción el escenario de *lo profundamente conocido*, al posicionarnos ante el océano infinito que todos navegamos en vez de ante lo que de mar encierra nuestro particular horizonte. Así es como se nos muestra, por vez primera, el diamante oculto en el corazón de la montaña, sin embargo, tras desvelar el engaño al que asistimos en la realidad de *lo conocido*, retornamos a ésta donde inevitablemente nos posicionamos como víctimas de ese engaño, lo que nos lleva a buscar culpables y, en esa dirección, todo parece señalar al yo que aparentemente nos secuestra en *nuestra realidad*. La propia liberación del yo se convierte entonces en nuestro propósito y al perseguirlo nos adentramos en un camino-hacia, puede que el más absurdo de todos, aquél en el que pretendemos liberarnos del yo desde el yo, aquél en el que el yo apunta directamente contra sí mismo. El yo es una estructura mental a la que no podemos enfrentarnos sino reconociéndonos en ella y en lucha contra un espejismo proyectado en el vacío, sin embargo, nos entregamos a esa lucha sin sentido blandiendo inconscientemente la espada de nuestro enemigo. Tal enfrentamiento es sólo una de las caóticas consecuencias que tiene el hecho de apoderarnos de ese diamante, el hecho de sumergir nuestro despertar a *lo profundamente conocido* en el acuario de nuestra mente en vez de pasar a habitarlo. Lo que nos libera del yo es la percepción que nos despierta a *lo profundamente conocido*, la que libera a todos los seres y a todas las cosas del disfraz de nuestras estructuras mentales, la que suspende la expresión de *nuestra realidad*, el carnaval que nuestro lenguaje celebra en lo que de mar encierra nuestro particular horizonte. Es imposible abandonar individualmente ese carnaval sin suspenderlo del todo; para desvestirnos verdaderamente del yo cada qué y cada quién ha de desvestirse del disfraz de la estructura mental que le adjudiquemos en *nuestra realidad*; para poder nosotros dejar de ser en *nuestra realidad* todo ha de dejar de ser en ella. Este hecho viene a ofrecernos el más profundo y completo significado que podamos dar al verbo «amar» en nuestras vidas. En cierta ocasión escuché una frase que decía: «Amar es conducir gentilmente al otro hacia lo que es»; una definición que en este libro podría traducirse como: Amar es liberar al otro de la estructura mental que le sostiene en *nuestra realidad*, liberarle del disfraz que le adjudicamos en lo que de mar encierra nuestro particular horizonte, sacarle del acuario de nuestra mente, dejar de percibirle a través de la óptica de nuestros catalejos, en el escenario de *lo conocido*, y hacerlo directamente en el océano infinito que todos navegamos; lo que implica, por nuestra parte, afrontar la experiencia de dejar de ser en *nuestra realidad*, desvestirnos del yo. Según esto, la acción que define al verbo «amar» sería la de renunciar a *ver dos*, la acción que lleva implícita la práctica de *ver uno*.

«Maestro, ¿cuál es el mandamiento más grande de la ley? Él le contestó: Amarás al señor tu Dios con todo tu corazón, con toda tu alma, con toda tu mente, éste es el más grande y el primer mandamiento; un segundo hay igual a él: Amarás a tu prójimo como a ti mismo. En estos dos mandamientos se funda toda la Ley y los profetas.»

San Mateo 22, 36-40.

Cuando amar supone no distinguir entre el corazón, el alma y la mente, no distinguir entre uno mismo, el prójimo y Dios, el amor resulta ser algo íntimamente relacionado con la práctica de *ver uno*; de hecho, el camino de la acción que constituye la práctica de *ver uno* podría traducirse como un continuo abandonar *la experiencia del yo* entregándonos a *la experiencia del amor*.

Mientras que, en el escenario de *lo conocido*, nuestra percepción obedece a *la experiencia del yo*, en el escenario de *lo profundamente conocido* nuestra percepción obedece a *la experiencia del amor*. Cada dejar de ser en *nuestra realidad* viene a reemplazar, en nuestra percepción, *la experiencia del yo* que nos hace *ver dos* por *la experiencia del amor* que nos hace *ver uno* permitiéndonos asistir conscientemente a esa común-unión entre uno mismo, el prójimo y Dios, entre el elemento del conjunto que uno es, el resto de los elementos y el conjunto en sí, descubriendo que, efectivamente, como dice Thich Nhat Hahn, «todo cuanto hay en el cosmos se aúna para crear la presencia de una flor».

Mientras que *la experiencia del yo* no deja de ampliarse y recomponerse en atención a *lo conocido*, *la experiencia del amor* es la que es desde un principio, intrínsecamente unida a la naturaleza de todas las cosas en *lo profundamente conocido*. Está en nosotros antes que nosotros, antes que *la experiencia del yo*, antes que el propio yo, antes que nuestras estructuras mentales, antes que *nuestra realidad*. Habiendo hablado de un camino único que se correspondería con el camino de la acción que constituye la práctica de *ver uno* y dado que la acción que contempla ese camino es la de renunciar a *ver dos* que, a su vez, es la que define al verbo «amar», podríamos hacer sitio en este libro a la frase «love is the only way» y darle un nuevo significado.

TERCERA PARTE

El Amor

LA LUZ DE LO PROFUNDAMENTE CONOCIDO

En *nuestra realidad*, el amor, al igual que todo lo demás, se somete a nuestra particular percepción de las cosas y es un concepto que responde a una estructura mental que, como todas, va variando a lo largo de nuestras vidas. En este sentido, a todos nos toca definir el concepto «amor», hacerle sitio en *lo conocido* y asistir a la evolución de su significado a partir del momento en el que irrumpe por vez primera en nuestras vidas. Son muchas las cosas cuyo significado tarda en reclamar nuestra atención y el amor es una de ellas. Al introducir la palabra «amor» en nuestro vocabulario ésta viene a nombrar algo que ya experimentábamos antes de aprender a hablar; digamos que el concepto «amor» aterriza en nuestras vidas asociado al trato que nos dan ciertas personas o seres, a la atención que nos dedican y les dedicamos, y a las sensaciones, emociones y sentimientos que nos provoca la relación con éstos, ya sean nuestros padres, nuestros amigos, el carpintero o el perro. De entrada, el concepto «amor» es acogido como un sentimiento que esos seres demuestran tener por nosotros y que, a su vez, nosotros demostramos tener por ellos, un sentimiento preñado de sensaciones que asociamos a la felicidad. De este modo, mamá es buena y nos ama cuando nos hace «felices» pero cuando nos regaña o nos impide satisfacer un deseo, haciéndonos «infelices», pasa a ser mala, no nos ama y, en consecuencia, nosotros tampoco la amamos a ella: «Ya no te quiero». Al principio todo es muy sencillo y, aun siendo dos conceptos de compleja traducción, el amor y la felicidad aparecen cosidos en un indefinido tejido de sensaciones con el que nos gusta que nos arropen. Luego, al cumplir años, aprendemos que quienes nos aman no son quienes nos proporcionan sólo felicidad, o lo que entendamos por felicidad, sino quienes además nos cuidan, nos protegen, nos educan, etc., aunque a veces, con ello, nos hagan «infelices».

Antes de aprender a hablar bastaba con vivirlo pero, al introducir el concepto «amor» en nuestras vidas, aquello que sólo era necesario experimentar precisa ser conocido, convertirse en una pieza del puzle de *nuestra realidad*. Los conceptos que hacen referencia a las cosas que podemos tocar se asientan en ese puzle sin dificultad al responder a estructuras mentales de sencilla asociación; sin embargo, el amor o la felicidad, como muchas otras cosas, obedecen a estructuras mentales más complejas. Nuestras estructuras mentales irán siendo modificadas a lo largo de nuestras vidas en atención a *la experiencia del yo* cambiando de posición y forma en el puzle, o cobrando en él nuevos significados, y algunas de ellas permanecerán en el montón de piezas por colocar, yendo y viniendo, hasta que las ubiquemos en éste o adquieran un preciso significado sin desistir, mientras tanto, en el intento de colocarlas o re-colocarlas.

Por otro lado, hay personas que enseguida definen lo que para ellas es el amor y la felicidad, y del mismo modo que reconocen en un tenedor las características que le hacen ser un tenedor y no una cuchara así reconocen el amor o la felicidad cuando se presenta en sus vidas, restando complejidad a estos conceptos, asociándolos a estructuras mentales de sencilla asociación. Desde un principio, aun advirtiendo y aceptando la complejidad que encierra el concepto «amor», éste no dejará de contar con la felicidad como ingrediente en su definición y, más concretamente, la felicidad que entre sí se procuran las personas. Prácticamente desde la primera vez que pronunciamos la palabra «amor», éste empieza a consolidarse como un sentimiento que experimentamos por o hacia otra persona.

En las páginas de numerosos cuentos, un príncipe y una princesa aguardan a los niños y niñas que vienen al mundo para hacerles conocer su historia de amor. Por lo general, niñas y niños asociarán el amor a lo que acontece entre ambos personajes y hallarán su equivalente, más o menos castigado, fuera de los cuentos, en el mundo de los adultos, advirtiendo el futuro que les aguarda, ese en el que encontrar pareja para, en el mejor de los casos, ser felices y comer perdices. En la adolescencia, las secuelas de aquellos cuentos de la infancia arden en nuestra imaginación liberando la pasión como quien desata a un inquieto y escurridizo animalillo en su mente para que corretee por todos lados decorando a su antojo sus rincones preferidos. Raro es el caso de aquél o aquella que en la adolescencia que no se siente fuertemente atraído por otra persona, que no experimenta esa imantación que para entonces asociamos al amor. Aun sin haber tenido noticia alguna de Shakespeare ni de su obra y, más concretamente, de «Romeo y Julieta», estos personajes despiertan en nosotros como por instinto en una u otra versión provocándonos una maravillosa e incontrolable sensación de poder que a veces se vuelve contra nosotros haciéndonos sufrir terriblemente. Con independencia de la identidad de género y la orientación sexual, dando cabida a todas ellas, en la mayoría de los casos Julieta o Romeo, dentro de la metáfora, se convierten entonces en la supuesta pieza que nos falta y el amor se confirma como un sentimiento que experimentamos por o hacia otra persona, como algo que alguien nos procura. Sin dejar de asociar el amor a la felicidad, quien no encuentra a su Romeo o a su Julieta tiene supuestamente más probabilidades de ser infeliz y, en este sentido, es significativo el éxito que demuestran tener ciertos espacios de radio o televisión, y mayormente online, en internet, a los que muchas y muchos «infelices» acuden en busca del amor o de una intimidad que se le asemeje, por fugaz que pueda resultar. Curiosamente, a pesar del creciente número de malogradas relaciones, el amor no deja de asociarse a la felicidad que supuestamente hemos de hallar en una «relación de pareja» y, en este sentido, son pocos quienes renuncian a encontrar su «media naranja» a fin de tener aquello que, según creemos, nos falta y sólo otra persona nos puede dar, aquello en lo que tiende a convertirse el amor en *nuestra realidad*. Por otro lado, lo cierto es que, ocupando el centro de nuestro particular horizonte, en la realidad de *lo conocido*, el amor no puede ser sino un bien «reconocible» en esa realidad, entre nuestras estructuras mentales.

Es cierto que hay casos, aunque cada vez menos, en los que la historia de Romeo y Julieta sobrevive a la madurez; aún quedan parejas que tienen una hermosa historia que contar a este respecto, aquéllos que llevan juntos desde temprana edad. Sin embargo, por lo general, los principiantes Romeo y Julieta se separan y cada cual inicia su propia andadura en el terreno del amor, dentro de un camino de hallazgos y desengaños que en el mejor de los casos resulta ser una escuela. El capítulo que sigue a continuación relata mi experiencia en esa escuela, en ese camino, resumida en algunos de sus hitos con la oportuna intención de exponer la evolución que en mi vida sufrió el concepto «amor» hasta exudar la esencia última de este libro. Se trata de un íntimo relato autobiográfico, con sus pertinentes conclusiones, que termina enlazando cronológicamente con ese momento descrito al comienzo de la primera parte, «anclado en mar abierto», de modo que, a su vez, también resulta ser la presentación para una segunda lectura del libro.

MIS NOMBRES DEL AMOR
ENTRE UN ATARDECER Y UN «AMARNACER»

«Ese milagro y esa magia, divorciados de ella y del pensamiento de ella, estaban a mano junto a las bombillas de colores más cercanas.»

Samuel Beckett

Transcurrían los años de bachiller, aquéllos en los que un aula de instituto era el espacio en el cual pasaba gran parte de mi tiempo. Recuerdo que los pupitres se agrupaban en filas de a dos y que el compañero o la compañera que uno deseaba tener a su lado no siempre era la persona que allí habían colocado; por lo general solía ser el número anterior o siguiente al tuyo en una lista ordenada por orden alfabético. Sin embargo, durante un par de años sí que pudimos colocarnos como quisimos y, a pesar de lo importunados que pudieran estar algunos profesores, logramos juntar tres pupitres en la última fila. En el centro estaba Sara, a un lado Juan y, al otro, yo. Nuestra compañera era una especie de reina olvidada para la que, por otro lado, ya había un rey fuera del aula, donde todo adquiría otro significado. Por aquel tiempo, Juan y yo compartíamos una ingenua pasión por el arte y, en lugar de emborracharnos en los bares a la caza de alguna desconcertante Julieta, los fines de semana nos recluíamos en un trastero habilitado para acoger nuestros encuentros, nuestras reuniones. El mero hecho de estar en aquel lugar era la expresión de aquello que nuestros padres solían criticar diciéndonos: -Estáis en las nubes-; y en cierto sentido no les faltaba razón ya que la atmósfera que allí respirábamos estaba impregnada por el denso humo del hachís y el suave aroma del vino. Así pasábamos las noches, refugiados en la a priori respetable tarea de quien tiene algo que decir e intima con el qué y el cómo. Tan pronto podíamos estar pintando o dibujando como viendo películas en blanco y negro, escribiendo, o entregándonos a caóticas sesiones musicales con los más diversos e improvisados instrumentos pero, con todo, más que retratar un ambiente bohemio, lo que nosotros hacíamos allí era ir dejando caer algunas insospechadas semillas por los agujereados bolsillos de nuestros pantalones y dejar pasar ese tiempo que a todos nos toca vivir en que el futuro es siempre algo lejano.

Un buen día la cámara de Super8, en su trípode, pasó a presidir nuestros encuentros como una especie de tótem y su presencia finalmente dio frutos. Juan se centró en una de las ideas que afloraban en aquel ambiente y escribió un guion para un corto. Entre los personajes había uno reservado para mí pero ni que decir tiene que el papel protagonista fue para Sara. El rodaje del corto resultó ser un reconfortante experimento, otra experiencia más, pero de entre todos los momentos el que viene al caso es el día en que rodamos la anunciada escena del beso. Sara y yo compartíamos plano en el escenario de una cocina, yo estaba en pie comiéndome un yogur, ella aparecía y se colocaba junto a mí, entonces yo empezaba a alternar cucharadas entre mi boca y la suya para terminar fusionándonos en un apasionado beso. Para entonces, mi descontrolado Romeo ya había sido activado por más de una Julieta pero aquella escena grabada resultó ser la primera vez que una chica me besaba en la tranquilidad de saber que la Julieta que ella perfectamente podría interpretar en mi película, siendo yo Romeo, era un personaje descartado de su repertorio. Aquel beso hizo que mi instintivo Romeo se disolviese en la humedad de su boca como un superhéroe venido a menos, desprovisto de su poder, como si aquella experiencia viniera a demostrar que no era invencible, que no escapaba a mi control; sin embargo, esta conclusión aún tardaría en presentarse en mi vida.

Era el cumpleaños de Sara y sonó el teléfono. Se habían reunido unos cuantos en un bar y estaban celebrándolo. La persona que me llamaba era una amiga suya a la que yo conocía muy poco; me contó que era una sirena y que su voz me obligaba a acudir allí donde estaba. Instantáneamente desaté al Ulises en que me había convertido y me puse en camino. Cuando llegué al bar en cuestión ella continuó acariciando en el aire aquella historia de la sirena como un secreto que no todos debían conocer y, en voz baja, me sumergió durante horas en la continua sensación de un sueño. Un mes después, Naiara y yo sonreíamos en la cubierta de un barco cruzando el estrecho hacia Marruecos, donde pasamos un par de semanas:

Viajando entre sábanas,
cambiando de sitios,
la misma sábana, creímos,
la luz era lo que cambiaba.

La poesía se convirtió en el cauce de mi expresión permitiéndome atender al Romeo que con más fuerza que nunca evidenciaba su presencia en mí... Así estaban las cosas:

Pensando que el amor era de otros,
te encuentro.

Pero quienes se aventuran a interpretar a Romeo y Julieta no sólo disfrutan de las escenas reconfortantes; la relación con Naiara no era fácil, en el salón de la casa de sus padres, donde ella vivía, barrocamente enmarcada reposaba desde hacía algún tiempo una fotografía de su novio, un estudiante de medicina en el último año de carrera. Desde luego, en el submundo del mueble de aquel salón el estudiante de Bellas Artes en el que yo estaba a punto de convertirme se parecía más bien a una fastidiosa mosca incapaz de toparse con una ventana abierta por la que salir al exterior y, automáticamente, pasé a ser Isabel, una amiga con la que Naiara solía quedar bastante. El futuro doctor vivía a cientos de kilómetros de nosotros y, de cuando en cuando, un fin de semana hacía aparición desmoronando los planes que tuviésemos. Lógicamente, él también oyó hablar de Isabel pero a pesar de su interés por conocerla jamás lo consiguió, ni siquiera con la excusa de ver las fotos del viaje que las dos hicieron juntas a Marruecos. Para Naiara, la elección entre uno de los dos se convirtió en un incómodo terreno que prefería no visitar y la situación se prolongó cinco años, el tiempo que estuvimos juntos. Para mejor llevarlo, me puse a escribir mis pensamientos:

Esta situación me absorbe, especialmente las veces que estás con él, e intento sacar cosas en claro de tus palabras, cosas que definan mi rincón en tu vida porque ha habido momentos en los que tú misma lo has dibujado ante mis ojos y lo has decorado durante días. Si yo prescindiera del estado en que me embarca esta situación y estando contigo omitiera mis pensamientos previos, si controlara la actitud que éstos, a rachas, me provocan, te costaría encontrar el miedo que revelo a tu corazón y la incertidumbre que puebla el mío ante el abismo de cosas que se extiende entre un adiós indeseado y un empezar solos que sigo deseando.

Al cabo de unos años, de repente, un día, a Sara la abandonó su novio. Ahora, aquella reina de la que Juan y yo fuimos eunucos se derrumbaba, aquella mujer capaz de interpretar en mi vida cualquier papel excepto el de Julieta se volcaba, de golpe, sobre el insípido personaje de la amiga herida de mi novia, lo que me relegaba a la categoría de extra. Con este reparto, los tres nos fuimos a la playa y no pasó mucho tiempo hasta que

Sara tomó la iniciativa de replantear su vida, iniciativa a la que inmediatamente se sumó Naiara, como si hasta entonces hubiera estado esperando esa oportunidad y es que, en realidad, los tres la estábamos esperando sólo que yo sería el último en enterarme. Ellas se marcharon a Dublín y comenzó así una temporada en la que el centro de mi vida se desplazó muy lejos de donde yo estaba.

Volar a Dublín no era algo que pudiese permitirme de buenas a primeras, para empezar tuve que conseguir el dinero, lo cual me entretuvo tres semanas. Con el billete de avión en mi mano y las maletas hechas la llamé por teléfono justo la noche antes de salir. De entrada, se puso a llorar pidiéndome que no fuera y después me explicó que había encontrado a alguien con el que mantenía una relación; mi respuesta inmediata fue decirle que lo de no volar a Dublín al día siguiente era una opción totalmente descartada así que acordamos vernos allí en calidad de amigos, una imposición de títulos totalmente absurda, ninguno de los dos sabía a qué atenerse. Una vez en Dublín, me convertí en el intruso del nuevo mundo de Naiara, un intruso cariñosamente acogido en memoria del viejo mundo del que ella provenía, un intruso que a partir de entonces tendría el consentimiento para serlo. Aquella situación logró que los celos que en otro tiempo me habían castigado terriblemente no hicieran aparición y eso despertó en mí un formidable sosiego que me llevó a valorar la experiencia de cada uno por encima de nuestra relación.

De vuelta a Madrid, mi avión fue sobrevolando un apacible mar de nubes naranjas para finalmente sumergirse en él buceando en la tormenta que azotaba el aeropuerto y, en unos segundos, pasé del silencio de aquella luz celestial al bullicio de una película en blanco y negro. Todo aquello hizo que al poner los pies en tierra me sintiera como si me hubieran vuelto a parir. Yo estaba feliz aunque quien sonreía en mí era Romeo, orgulloso de su tolerancia y satisfecho por haber dejado todas las puertas abiertas; digerir por completo la experiencia iba a llevar su tiempo, de momento seguíamos juntos o al menos los dos así lo acordamos, lo que había cambiado era el planteamiento a fin de que Romeo y Julieta pudieran seguir chapoteando desnudos en la piscina del recuerdo mientras iban llegando los verdaderos cambios. Corría el mes de junio y regresaba a tiempo para presentarme a los exámenes...

La Facultad de Bellas Artes nunca me ofreció el taller que yo hubiera podido desear, en las aulas no había casi espacio. Para el examen de Pintura busqué un sitio en el que estar cómodo y lo encontré en el descansillo de la amplia escalera de incendios que comunicaba con los pasillos de la cuarta planta. Cinco días a la semana, durante un mes, dedicábamos al examen cuatro horas diarias y era bastante común darse un respiro y visitar la cafetería. Un día, mientras pintaba, apareció una chica y me dijo que había venido varias veces a ver mi trabajo y que aquélla era la primera vez que me encontraba frente a él. Esa misma noche, sin apenas darnos cuenta, Malena y yo terminamos enredados en mi cama. Tiempo atrás, en el auge de la dictadura de Romeo, antes de Dublín, yo solía defender que el sexo sin amor no tenía sentido pero tal afirmación obedecía a una idea del amor apenas germinada. Por aquel entonces, para mí el amor era un sentimiento que uno tiene por o hacia otra persona dentro de una relación de pareja a priori capaz de alimentarlo eternamente, un sentimiento, por tanto, en el que establecerse, en el que quedarse a vivir, un sentimiento vinculado al hecho de estar enamorado, algo que en su misma apreciación implica un estado de permanencia. De este modo, al referirme al sexo sin amor me refería al sexo fuera de una relación en la que permanecer enamorado, un planteamiento que no dejaba sitio al amor fuera de ese tipo de relaciones. Cuando Malena se presentó en mi vida todo lo relativo al amor gravitaba en mi mundo desordenadamente y resultó que al acostarnos empezó a ordenarse por sí solo. Para mi sorpresa el sexo con alguien a quien acababa de conocer despertó en mí las mismas emociones y sensaciones que asociaba al amor en la intimidad de mis cinco años de relación con Naiara. Podría resumir lo sucedido diciendo que esa noche Malena y yo nos disolvimos en el magma del amor y que aquello supuso el inicio de la subterránea actividad que más adelante arrasaría la particular Pompeya de mi confundido Romeo. A los pocos días escribí:

> La vida son momentos, es lo que tiene, nos dejamos en ellos y en quienes les dan forma con nosotros, cuando nos entregamos lo hacemos a ellos, a los momentos. Un momento lo generan un montón de cosas: el momento concreto dentro de uno mismo, el momento más amplio en que se encuentren nuestras vidas, los sentidos en la percepción del espacio, del sonido, etc.; un montón de cosas que se unen a un tiempo convirtiéndose todas en piezas igualmente relevantes. Si no tomamos consciencia de ello podemos dejar

escapar segundos de sensaciones, podemos no aprender nada de nosotros mismos, nada de la vida; si lo hacemos, podemos llegar a encontrar ángeles en las personas... Para mí los ángeles son seres que aparecen justo cuando deben hacerlo, cuando más se les necesita y que al marchar siempre nos dejan un peldaño más arriba en la ascensión hacia nosotros mismos, hacia el sentido de la vida.

Cuando conocí a Malena otros «ángeles» ya habían hecho aparición en mi vida, sin embargo, ella fue de los primeros que logré desenmascarar en la resplandeciente intimidad de un cruce de caminos. Entre ella y yo todo quedó supeditado a la magia de los momentos que compartimos juntos; la relación que pudiera darse entre ambos era irrelevante, igual que su pasado o el mío, y lo mismo sucedía con nuestro futuro y nuestras vidas en general; lo que Malena y yo hicimos fue habitar momentos. A partir de la primera noche que pasé con ella, el sexo empezó a abrirse paso en mi vida como un ritual de entrega al momento y el planteamiento de que el sexo sin amor no tenía sentido cobró renovada validez en base a otro significado ya que, ahora, el amor se demostraba como algo igualmente vinculado a esa entrega al momento y, con ello, a la experiencia de dejar de ser en *nuestra realidad*. Estas asociaciones surgirían más adelante pero fue a partir de mi relación con Malena que empecé a percibirlo de ese modo; y no es que el amor viniera siendo otra cosa hasta ese momento, aun habiéndole dado otro significado lo cierto es que el amor que yo había experimentado anteriormente siempre había estado vinculado a esa entrega al momento en la que sentirme uno con otra persona, en la que renunciar a *ver dos*, en la que desvestirme del yo. Antes de viajar a Dublín, en una de las veces en las que mi relación con Naiara parecía tocar fondo, le dije: «No pienso volver a enamorarme». Recuerdo que entonces ella pretendió hacerme ver que esa frase era una exageración pero, tras la experiencia con Malena, aquella frase empezó a cobrar sentido dado que el amor, vinculado a esa entrega al momento, nada tenía que ver con un estado en el que permanecer al abrigo del yo sino, en todo caso, con un estado que activar en nosotros al desvestirnos, precisamente, de ese abrigo. En mi primer «amarnacer» el amor despertó a mi lado no ya como un territorio que conquistar y en el que instalarme junto a otra persona sino como algo que experimentar según lo dispusieran los ingredientes de un momento al que entregarme en el escenario de *lo profundamente conocido*, ante el océano infinito que todos navegamos en vez de ante lo que de mar encierra mi particular horizonte.

Si Romeo había sido el responsable del levantamiento de un castillo en el que proteger a toda costa mi relación con Naiara y mis endebles ideas sobre el amor, Malena resultó ser un detalle arquitectónico olvidado, el aletear de un fallo en la estructura básica del edificio, el origen de los temblores que provocarían el derrumbe. Tiempo después, en los días en que las torres se desmoronaron sobre los muros y éstos sobre sí mismos, de entre la nube de polvo surgió la musa del estruendo, Lara, que se presentó en mi vida como caída del cielo, encendiendo el motor del presente e inyectando de pintura mi momento; su cuerpo fue la referencia que tuve para pintar, fuera de las aulas, mi despertar a un mundo apaciblemente interior:

En mi pintura quiero filtrar distintas temporadas de mi vida como si cada una fuera un barrizal que yo mismo depurara mostrando los resultados. No me interesa el análisis de todo el conjunto de cosas que rodea al ser humano, tampoco el de su funcionamiento, sólo pretendo denunciar una experiencia de choque sin perderme en lo concreto, volcándome en sensaciones sobre su propia incomprensión. Ese conjunto de cosas que rodea al ser humano representa una agresión en toda su necesidad, una agresión que en sí genera dos espacios: fuera y dentro. La línea que los une y separa, que los dibuja, es un espacio de intercambio, de actividad, una frontera, el perfecto vertedero de provocaciones a la reflexión. Hacia dentro, me interesan esos momentos del individuo a solas consigo mismo, la reclusión, el aislamiento como algo necesario para comprender y definir esa frontera; hacia fuera, tengo momentos de extrema debilidad en los que los sentimientos se abren totalmente en sensaciones y respiran el aire que les toque en ese instante; momentos, también, en los que mi frontera se amplía con la de otra persona, como dos gotas de aceite en un vaso de agua que, al unirse, descubren de qué están hechas.

Aquel aceite se corresponde hoy con la luz de *lo profundamente conocido*; aquellas dos gotas escritas ejercitaban ya, sin yo saberlo, la práctica de *ver uno*. Esta nueva temporada de mi vida nada tenía que ver con aquélla en la que los fines de semana me recluía en la grata compañía de Juan y otros amigos. Para entonces, hacía ya tiempo que casi todo acontecía fuera de aquel trastero y cada noche por delante llegaba como una invitación a dejarme llevar, a vivir el momento, como una caja de sorpresas que ir abriendo hasta el amanecer. Durante aquella época y a partir de entonces las sábanas que Malena estrenó en mi vida acariciaron la piel de otros «ángeles», mis labios dibujarían en ese metafórico tejido otros muchos nombres, «mis nombres del amor», y el de Lara fue el primero que pronuncié a salvo del eco de los muros de aquel castillo que andaba viniéndose abajo, no sólo en lo relativo a mi relación con Naiara sino a todo lo concerniente a su edificación.

Carta a Naiara:

Sabiendo que lo que hoy mantengo contigo es el fondo del más íntimo de mis autorretratos, últimamente exhibo naturalidad a cada momento. He tenido encuentros que han terminado en la cama, perfectamente entendidos por ambos lados como momentos en sí mismos, sin exigirles más de lo que nos dieran, sin esperar nada a cambio. He observado que aquí cada cual le da un significado distinto al concepto «amor» y todos hablan de él como si fuera una misma y única cosa en el universo de una enorme contradicción que puede ser peligrosa. Por mi parte, pienso que conviene exponer ciertos pensamientos basados en la experiencia de cada uno antes de confundir a la otra persona o incluso a uno mismo.

Cuando las lunas de julio y agosto bañan las estrechas calles del barrio de Malasaña, en Madrid, la gente suele cruzarlas sin prisa, de bar en bar. Aquella noche hacía poco que se había puesto el sol y me encontraba sentado de copiloto en el interior de un coche que avanzaba lento entre el bullicio. Tranquilamente, con las ventanas abiertas, Sergio y yo buscábamos un hueco para aparcar cuando de repente aquel entorno de euforia viandante se introdujo directamente por mi ventana. Una chica se detuvo frente a mí y sin detenerse a observar el sentido de sus palabras me dijo: -¡Pero que morbo tienes!-; acto seguido agarró por el brazo a la amiga que le acompañaba y, señalándome, le preguntó si estaba o no en lo cierto. El coche avanzó unos cuantos metros, nos distanciamos, el tráfico volvió a detenerse y ella apareció de nuevo; entonces saqué el brazo por la ventana y, pasando mi mano por su nuca, acerqué suavemente sus labios a los míos sin que ofreciese ninguna resistencia; inmediatamente después de besarnos el caudal de las calles nos arrastró en distintas direcciones.

Un mes después, inmerso en la penumbra de un local, al amparo de la noche, descubro una mirada que descubre la mía, nos acercamos y empezamos a hablar. Al cabo de algunas horas de conversación interrumpida por varias idas y venidas de ambos, justo en el momento en el que Teresa se despedía de mí me confiesa que cree haberme visto antes y me lanza una pregunta: -¿Tú no ibas hace un mes en un coche cuando...?-. Era ella, me di cuenta y la interrumpí contándole yo el resto de la historia, evitando así la desconfianza que hubiera podido ocasionar un mero sí como respuesta ya que más de uno, al oír la pregunta completa, no habría dudado en responder afirmativamente, apropiándose de mi historia por lo que pudiera pasar a continuación. Cuando terminé, nos abrazamos y sin decir una palabra me cogió de la mano, abandonamos aquel lugar despidiéndose cada cual de sus amigos con una fugaz mirada y, en la misma puerta, nada más salir, paró un taxi que nos llevó a su casa dónde nos secuestramos tres días y cuatro noches. La magia que siempre precedía a un hacer piel en cada cruce de caminos fue superada con creces en esta ocasión. Lo acontecido definía la vida como una sucesión de momentos en los que todo interviene milagrosa o misteriosamente, y esa entrega al momento, vinculada el amor, cobró entonces una nueva dimensión dentro de una entrega a esa sucesión de momentos que era la vida y que, en el ajedrez, me relegaba a la condición de ficha, algo que posteriormente vendría a enlazar con el hecho de experimentar nuestra ineludible participación en la realidad a la que asistimos fuera de nuestra mente individual, descubriendo en qué medida todo escapa a nuestro control, a nuestras decisiones, a nuestros trazados rumbos; descubriendo el verdadero sentido de entregarse al momento desvestidos del yo y, más ampliamente, a esa sucesión de momentos que constituye la propia vida de cada uno.

Tiempo atrás, estando Naiara en Dublín, antes de que yo fuera a visitarla y diera comienzo toda esta transformación, una noche coincidí con un amigo, su novia y la hermana de ésta, Raquel, que estaba de paso, curiosamente vía-Dublín. La embriaguez de aquella coincidencia y el encanto de Raquel me inspiraron unas palabras que escribí en un papel para dárselo a Andrés, mi amigo, pidiéndole que se lo entregara a ella a la mañana siguiente, al despedirla en el aeropuerto. Decía: «Viajas al lugar donde una parte de mí permanece secuestrada; de camino, te detienes un momento, te miro y, sin apenas conocerte, otra parte de mí se va contigo».

Después del encuentro con Raquel viajé a Dublín, conocí a Malena, apareció Lara y luego Teresa, entre otros nombres a flor de piel, y al cabo de un tiempo Raquel volvió a Madrid a pasar una semana de vacaciones en casa de su hermana. Seducidos por la magia de nuestro primer encuentro, congelado en aquella nota, deseando volver a vernos y sin querer desperdiciar ni un minuto de su estancia pasamos juntos cada día y cada noche, empezando por la primera. Mi primer encuentro con Raquel se convertía así en el entonces insospechado comienzo de una intensa temporada de mi vida que, al reaparecer ella, concluía caprichosamente cerrando un círculo perfecto. Cuando Raquel volvió a irse de nuevo, lo que tocaba era salir a la calle y pasear en silencio, tratando de acoger en mí una sensación completa.

Mientras paseaba aquel tiempo de mi vida, en una esquina tropecé con Juan y fuimos a tomar algo. Me llevó a un bar en el que una camarera nos estuvo invitando a vinos hasta la hora del cierre, momento en el que los tres nos despedimos. Al día siguiente, sin haber dormido, con el sol entornando mis ojos, me vi de nuevo en la puerta de aquel bar, esta vez solo. Entré y María me invitó al café que me había prometido si es que yo aparecía. Las noches siguientes, aquel círculo que Raquel había clausurado resultó ser un confortable lecho en el que reposar lo andado en brazos de María. Con ella me sumergí en un apacible y lento sueño de sexo y ternura, un sueño en el que las palabras aparecían escritas entre imágenes de cuento y su mirada reposaba tranquila en mi interior. Mientras tanto, reapareció Naiara, pasamos la que sin saberlo fue nuestra última noche juntos y supimos despedirnos sin decir adiós. Días después,

María empezó a disolverse en el tejido de las sábanas y nuestra historia finalizó como concluyen las mejores, sin la palabra «fin», sin dramas, con total naturalidad, felices ambos, rebosantes de luz. Cuando desperté de aquel sueño estaba solo y, sin levantarme de la cama, pensé que hasta aquel momento veinticinco años de mi vida habían servido para emborronar un lienzo en blanco antes inadvertido. Todo el que despierta lo hace en un sitio distinto a aquél en el que se durmió y cada despertar necesita sus propios bostezos, su pereza, el agua en que lavarse la cara, la ropa del día que empieza. Todo esto y más me llegó de la mano de Carmen; cuando salí de la cama, aún oliendo a María, allí estaba ella, bailando con los primeros rayos de sol entre encinas. Me llevó a casa y desconectó el teléfono de mi pasado, encendió en mí el fuego del hogar y me dejé caer en sus brazos como en una incubadora, «anclado en mar abierto». Con Carmen todo aconteció en el interior de una burbuja de la que años después, al concluir nuestra relación, me tocaría salir para reencontrarme conmigo mismo ahí fuera y retomar, tiempo después y entre cosas, el cauce de este capítulo, «mis nombres del amor»: «Después de pasar un tiempo anclado en mar abierto, habitando mi despertar a *lo profundamente conocido*, habitando el descubrimiento de que la realidad en la que vivimos no es aquélla en la que creemos vivir ocupando el centro de nuestro particular horizonte, llegó un momento en el que miré al cielo sin buscar ya en las estrellas un rumbo para mis velas y obtuve esta respuesta: Deja que todo siga su curso, leva anclas, suelta velas y entrégate al viento que disipe la niebla que te impide *ver uno*; haz sitio en tu vida a ese viento.» Hoy por hoy, el amor que yo entiendo no se corresponde con un sentimiento que uno tenga por o hacia otra persona, no se debe a un estado en el que permanecer ni a un territorio que conquistar y en el que instalarnos; no obstante, no deja de ser algo que experimentar junto a otra persona, algo que compartir en una relación. El amor que yo entiendo es el que contempla este libro, el que se desprende de esa entrega al momento por encima de uno mismo vinculada a la práctica de *ver uno*, al hecho de renunciar a *ver dos* y sustituir, en nuestra percepción, *la experiencia del yo* por *la experiencia del amor*.

En varias ocasiones me he referido a la luz que nos eleva por encima de nosotros mismos, por encima de nuestro barco, la luz que irradia el diamante oculto en el corazón de la montaña y surge idéntica de nuestras entrañas y de todo cuanto nos rodea, la luz que nos hace *ver uno*, la luz que ilumina nuestra percepción en *lo profundamente conocido*. Pues bien, el amor que yo entiendo sería esa luz en sí misma, traduciéndose el verbo «amar» como la acción de percibirla en nosotros mismos y en todo cuanto nos rodea, la acción de contemplarlo todo bajo esa luz, formando parte de un conjunto infinitamente mayor al que limita nuestro particular horizonte en las tinieblas de *nuestra realidad*. Si dijéramos, sin más, que amar es despertar el amor en nosotros mismos y en nuestras vidas no estaríamos aclarando nada; sin embargo, al identificar el amor con esa luz, la frase rebosa significado y viene a empapar cada página de este libro. Si el amor es la luz de *lo profundamente conocido*, amar es iluminar la lámpara de nuestra percepción con esa luz al renunciar a *ver dos*, al desvestirnos del yo y liberar a cada qué y cada quién de nuestras estructuras mentales, al dejar de ser en *nuestra realidad*, al conceder a nuestra percepción otro escenario, el de *lo profundamente conocido*, posicionándonos ante el océano infinito que todos navegamos.

En este libro, amar es renunciar a *ver dos* dentro del camino de la acción que constituye la práctica de *ver uno*, un camino que incorporar a nuestras vidas y que en sí mismo nos hace ser conscientes, un perseverar en la experiencia de dejar de ser en nuestra realidad, en el que habitar nuestro despertar a *lo profundamente conocido*.

LA EXPRESIÓN DE LA SUMA

«En el gran comienzo del No-Ser, Espíritu y Materia entablaron un combate a muerte del cual derivó la victoria del Emperador Amarillo, el Sol del Cielo, sobre Shuhyung, el Demonio de las Tinieblas y la Tierra. El Titán, en su agonía, golpeó con su cabeza la bóveda celeste haciendo saltar en pedazos la cúpula de Jade Azul. Las estrellas se precipitaron sobre sus nidos, la Luna vagó sin rumbo por los abismos desiertos de la oscuridad. Desesperado, el Emperador Amarillo buscó quien reparara los Cielos y sus esfuerzos dieron fruto: Del mar emergió una reina, la divina Niuka, con una corona de cuernos y una cola de dragón refulgentes en su armadura de fuego. Niuka soldó los colores del arco iris en su caldera mágica y rehízo el cielo chino pero olvidó tapar dos diminutas oquedades en el firmamento azul. Este descuido da origen a la naturaleza dual del amor: dos almas errabundas a través del espacio que no encontrarán descanso hasta que logren fundirse para completar el Universo.»

Kakuzo Okakura

En el escenario de *lo conocido*, gobernada nuestra percepción por *la experiencia del yo*, lo que hacemos es *ver dos*, asistir al carnaval que nuestro lenguaje celebra en lo que de mar encierra nuestro particular horizonte, donde cada qué y cada quién viste el disfraz de la estructura mental que le adjudiquemos; sin embargo, en el escenario de *lo profundamente conocido*, gobernada nuestra percepción por *la experiencia del amor*, lo que hacemos es *ver uno* percibiendo en todo la expresión de una suma. En palabras de Thich Nhat Hahn: «Todo cuanto hay en el cosmos se aúna para crear la presencia de una flor»; de este modo, la flor se corresponde con la expresión de una suma; sin embargo, en la realidad de *lo conocido*, bajo la óptica nuestros catalejos, la flor no es sino la expresión de su correspondiente estructura mental, una de las piezas del puzle de *nuestra realidad*, de ahí que Thich Nhat Hanh compare nuestra mente, en lo que de mar encierra nuestro particular horizonte, con «una espada que corta la realidad en pedazos».

Al dar al concepto «amor» un significado que trasciende su traducción como un sentimiento que uno tiene por o hacia otra persona no vengo a desterrar el amor de las relaciones entre las personas sino a plantear que el amor halla, en ese contexto, la misma traducción que le doy en términos generales. Como ya he dicho, en el Bhagavad-Guita el Yoga se entiende como el «camino de la acción» que en este libro se identifica con la práctica de *ver uno* y, por otro lado, uno de los cuatro Yogas principales es el Yoga del amor «dirigido hacia lo divino, sea a través de una imagen, un objeto o una persona cualquiera en la que se ve lo divino», la luz de *lo profundamente conocido*, la expresión de una suma. En principio, en todas las relaciones entre dos personas puede despertar la expresión de una suma en la que reconocernos, en todas ellas podemos dejar de ser en *nuestra realidad*, renunciar de *ver dos* y *ver uno*, es decir, desvestirnos del yo y pasar a ser uno con la otra persona; no obstante, lo cierto es que estamos ante una experiencia que resulta mucho más difícil de abordar con una persona que con un árbol y, en este sentido, cabría distinguir entre las relaciones que la facilitan y aquéllas que la dificultan en *nuestra realidad*. Sin excluir al resto de relaciones que puedan darse entre dos personas, voy a referirme a las que supuestamente debieran facilitar en mayor medida la experiencia de la que hablo y, entre ellas, a las llamadas «relaciones de pareja», aquéllas en las que el concepto «amor» reclama a voces la traducción que le doy en términos generales por más que le hagamos callar vistiéndole a nuestro antojo.

Por relación de pareja suele entenderse la establecida entre dos personas en la sostenibilidad de un vínculo fundamentado en el amor pero también en otras muchas cosas que intervienen en el significado que le damos al concepto «amor» en lo que de mar encierra nuestro particular horizonte. Por ejemplo, la idea que nos hayamos formado acerca de lo que es o ha de ser una relación de pareja, en base a las características que a nuestro juicio ha de presentar, es algo que junto a otras cosas viene a hacer de asiento al amor en *nuestra realidad*. Digamos que el amor, para serlo en la realidad *lo conocido*, ha de encajar en el asiento que cada cual le tenga reservado, es decir, atender a su correspondiente estructura mental. En *nuestra realidad* cada cual tiene su propio zapato de cristal que calzar al amor antes de reconocerlo como tal. Por el contrario, en este libro partimos de una definición del concepto «amor» que no encuentra asiento en *lo conocido*, una definición para la que no hay zapato de cristal, una definición que, para empezar, trasciende el marco de las relaciones entre las personas. Aquí, una relación de pareja es uno de los contextos en los que experimentar el amor de acuerdo a la traducción que le doy en términos generales entendiendo, por relación de pareja, aquélla en la que despierta una especial conexión capaz de trenzar armoniosa y estrechamente la singularidad de dos individuos y de disolverles juntos en la expresión de una suma. Mi intención no es definir las características que ha de presentar una relación de pareja para poder hacer sitio al amor tal y como se entiende en este libro; mi intención es profundizar en la traducción que le doy al concepto «amor» en términos generales enmarcándola ahora en el contexto de las relaciones de pareja.

La expresión de una suma despierta siempre en cada uno ya que es el resultado de conceder a nuestra percepción el escenario de lo *profundamente conocido*, reemplazando *la experiencia del yo* por *la experiencia del amor,* posicionándonos ante el océano infinito que todos navegamos donde lo propio de nuestra percepción es *ver uno.* Supongamos de nuevo la experiencia del encuentro con un árbol: En el escenario de *lo conocido* lo que hacemos es *ver dos*; por un lado, la expresión de la estructura mental del yo y, por otro lado, la expresión de la estructura mental que nos hayamos formado en torno al concepto «árbol»; sin embargo, al conceder a nuestra percepción el escenario de *lo profundamente conocido,* liberándola de nuestras estructuras mentales, lo que percibimos en nosotros mismos y en el árbol es la expresión de una suma. En la realidad de *lo profundamente conocido*, en el océano infinito que todos navegamos, al liberar nuestra percepción de la óptica de nuestros catalejos, de nuestras estructuras mentales, uno pasa a ser lo que el árbol es, o si se prefiere, el árbol pasa a ser lo que uno es. En esto consiste la práctica de *ver uno*, en renunciar a *ver dos* abandonando el centro de nuestro particular horizonte. Cuando hablamos de amor en una relación de pareja sucede exactamente lo mismo con la particularidad de que aquí dos personas, desvestidas de su propio yo, se reconocen en la expresión de una suma recíprocamente estimulada. Aquí, dos personas abandonan el escenario de *lo conocido*, cada cual el suyo propio, y se descubren juntas en un escenario común, el de *lo profundamente conocido*, en una realidad al margen de sus estructuras mentales, sin disfraces de por medio.

De por sí, el hecho de abandonar la propia realidad mental de cada uno y reconocerse ahí fuera, desvestidos del yo, provoca una extraordinaria felicidad que en este caso se ve acrecentada por la complicidad que se genera con la otra persona al compartir esa experiencia y encontrarse juntos a extramuros de la propia realidad de cada uno. Esta acrecentada felicidad es la que normalmente asociamos el amor en una relación de pareja y, de vuelta a *nuestra realidad*, a la propia de cada uno, lo que suele suceder es que cada cual señala, como responsable de la felicidad que ha experimentado, a la otra persona. Así es como pasamos a definir el amor como algo que alguien nos procura, como un sentimiento por o hacia otra persona. Así es como convertimos *lo profundamente conocido* en la fascinante joyería de nuestra inconsciencia y, el amor, en un diamante que hacer nuestro, sometiendo su luz a las tinieblas de *nuestra realidad.* Así es como devoramos el fruto sin percibir el árbol del que proviene, confundiéndolo con la mano que supuestamente nos lo ofrece, la de aquélla o aquél a quien decimos amar. Es cierto que el amor que experimentamos con otra persona despierta en nosotros una extraordinaria felicidad pero no podemos resumir el amor en esa felicidad ni responsabilizar de ésta a la otra persona; es el hecho de desvestirnos del yo y reconocerse cada cual en la expresión de una suma lo que nos lleva a experimentar el amor y, en consecuencia, esa felicidad.

Normalmente, ese sentirnos enamorados que no acertamos a describir suele asociarse al hecho de sentirnos uno con otra persona y, en este sentido, hay que aclarar que por más que nos esforcemos en dividir la naranja lo que despierta el amor en cada uno de nosotros es la naranja entera y el hecho de reconocernos en ella en vez de en nuestra mitad; de hecho, amar supone no distinguir entre sus dos mitades, es decir, renunciar a *ver dos.* Si lo pensamos, *ver dos* se corresponde, precisamente, con el hecho de cortar la naranja en dos mitades y ésta, así dividida, resulta ser una excelente metáfora de lo que sucede en *nuestra realidad,* en la realidad de *lo conocido,* en lo que de mar encierra nuestro particular horizonte, bajo la óptica de nuestros catalejos. La naranja entera es la expresión de una suma, lo que cada qué y cada quien es en la realidad de *lo profundamente conocido,* mientras que, por separado, sus dos mitades se corresponden con la expresión de dos estructuras mentales diferentes, aquella en la que nos reconocemos a nosotros mismos y aquella en la que reconocemos a la otra persona. De este modo, al pretender fusionar en *nuestra realidad* las dos mitades de una naranja lo que intentamos es unir dos cosas diferentes como, por ejemplo, una manzana y una pera. Es absurdo pretender re-unir en una realidad lo que ya está unido en otra; se trata de dejar de verlo separado al conceder a nuestra percepción el escenario de *lo profundamente conocido* donde dejamos de ver una manzana y una pera como dos medias naranjas, para ver la naranja entera.

Puede decirse que, en pareja, ese sentirnos uno con la otra persona alcanza su máxima expresión en el terreno del sexo, dejando claro que no es algo que acontezca sólo en ese terreno y que el sexo no siempre conlleva esa experiencia. En este libro, el sexo se entiende como un ritual de entrega al momento en el que renunciar a *ver dos*, una experiencia en la que desvestirnos del yo y zambullirnos, junto a otra persona, en el océano infinito que todos navegamos. «Hazme tuya», «hazme tuyo»; el deseo es el de poseer lo que percibimos, lo que vemos, su tacto, su olor, su sabor, su sonido, y dejarnos poseer por ello; todo en matices entendidos como detalles de un cuadro que se captan con especial intensidad dada esa entrega al momento; y me refiero, por ejemplo, al instante de una mirada, a la imagen en segundos de la curva de una cadera, al olor del pelo, al tacto de sus labios, al sabor de su cuello, a una sola nota en la partitura de un jadeo. En cada uno de esos matices, de esas pinceladas, el otro es percibido como algo que poseer en el único sentido en que esto es posible, no ya en el de hacer nuestra a la otra persona sino en el de renunciar a *ver dos*, es decir, en el sentido de reconocernos no ya en uno de los dos elementos del conjunto sino en el conjunto que posee a ambos y que ambos son, no ya en la manzana o en la pera entendidas como dos medias naranjas sino en la naranja entera que somos bajo la luz de *lo profundamente conocido*, la que percibimos al dejar de ser en *nuestra realidad*, la luz del diamante oculto en el corazón de la montaña que surge idéntica de nosotros mismos y de todo cuanto nos rodea, la luz que percibimos al renunciar a *ver dos* y que en este libro se identifica con el amor. Se trata, por tanto, de una experiencia relativa a nuestra percepción en la que disolvernos en la expresión de una suma, reconociéndonos en ella al fundirnos, por ejemplo, en un beso y ser, en ese instante sin tiempo, ese beso.

Equiparando el amor con la luz de *lo profundamente conocido*, la que nos permite *ver uno*, y la acción de amar con la de percibir esa luz en todo al renunciar a *ver dos*, «hacer el amor» podría traducirse literalmente como «hacer la luz» presionando el interruptor dejar de ser en *nuestra realidad*, en este caso junto a otra persona, disolviéndonos con ella en la común expresión de una suma recíprocamente estimulada. Si el amor es algo que experimentar al renunciar a *ver dos*, al abandonar el centro de nuestro particular horizonte, el sexo es una de las vías, no la única, por las que experimentar el amor en una relación de pareja. Así entendido, el sexo no es ni mucho menos una experiencia generalizada que pueda darse con cualquier persona, ni tan siquiera con una misma persona en todas las ocasiones; sin embargo, las veces en que se da son precisamente aquéllas en las que aseguramos haber experimentado el amor, y me refiero a esas en las que verdaderamente llegamos a sentirnos uno con la otra persona.

Todo verbo hace referencia a una acción y la que define al verbo amar es la de *ver uno*, o mejor dicho, la de renunciar a *ver dos*, que se debe a la experiencia de dejar de ser en *nuestra realidad* y que, en este sentido, no puede identificarse con una acción que afrontar ininterrumpidamente o con un estado en el que permanecer, con ese estar enamorados. Al hablar del amor hablaríamos de momentos, aquéllos en los que desvestidos del yo pasamos a reconocernos en la expresión de una suma. Dada, entre dos personas, esa especial conexión capaz de trenzar armoniosa y estrechamente la singularidad de dos individuos y de disolverles juntos en la expresión de una suma, dado ese magnetismo, esos momentos pueden presentarse por muy distintas vías, no sólo mediante el sexo, y tanto en una relación estable como en una pasajera, tanto en una relación andada y con recorrido por delante como en un breve itinerario con o sin pronósticos de futuro, es decir, con independencia de las características que definan, en *nuestra realidad*, al amor «en su asiento».

En largo recorrido, y dado el mejor de los casos, el eco de esos mágicos momentos compartidos viene a tender en nuestras vidas unos hilos que nos unen a la otra persona, cables en los que vibra la conexión experimentada fuera de la propia realidad de cada uno, en la realidad de *lo profundamente conocido*. Diríamos que una vez establecida esa conexión en el contexto de una relación, en los muros de la propia realidad de cada uno queda abierta una puerta que cruzar al renunciar a *ver dos*, al afrontar la práctica de *ver uno*; dos puertas en las que tallar o herrar a fuego nuestro nombre y el de la otra persona dentro de un corazón. El estar enamorados que tantas veces asociamos a un estado en el que permanecer o en el que refugiarnos al abrigo del yo abrazando la sensación de felicidad y bienestar que nos procura es algo que guarda entera relación con la presencia de esas puertas en nuestras vidas y con la conexión que a través de ellas queda establecida con *lo profundamente conocido*, a modo de invitación a amar, a renunciar a *ver dos*, a desvestirnos del yo, en el contexto de una relación de pareja.

Siendo el amor la luz de *lo profundamente conocido*, nos acompaña en todo momento; sin embargo, ocupando el centro de nuestro particular horizonte, en el escenario de *lo conocido*, lo que percibimos no es esa luz sino las tinieblas de *nuestra realidad*. Es por ello que al hablar de amor deberíamos referirnos al que experimentamos al amar en el sentido que contempla este libro, es decir, al renunciar a ver dos, al afrontar la práctica de *ver uno*, en esos momentos en los que desvestidos del yo percibimos esa luz en nosotros mismos y en todo cuanto nos rodea o, dentro de una relación de pareja, en nosotros mismos y en la otra persona como en el Yoga del amor «dirigido hacia lo divino, sea a través de una imagen, un objeto o una persona cualquiera en la que se ve lo divino», es decir, en la que percibir la luz de *lo profundamente conocido*, lo que cada quién y cada qué es al margen de nuestras estructuras mentales, la luz del diamante oculto en el corazón de la montaña que surge idéntica en nosotros mismos y en todo cuanto nos rodea.

Toda relación de pareja en largo recorrido acoge también, ineludiblemente, la relación entre un yo y otro, entre los espacios y mundos de cada uno, entre sus respectivas realidades de *lo conocido*. De igual modo que en nuestras vidas se dan cita la realidad en la que vivimos y aquélla en la creemos vivir ocupando el centro de nuestro particular horizonte, en toda relación de pareja se dan cita la realidad de *lo profundamente conocido* y, por partida doble, la realidad de *lo conocido*. Idealmente, cuesta imaginar, en largo recorrido, una relación de pareja en la que dos personas no experimenten esa especial conexión capaz de disolverles en la expresión de una suma y en la que, por otro lado, no exista una compatibilidad entre un yo y otro además de un espacio común de encuentro e intercambio entre sus respectivas realidades de *lo conocido*. En este sentido, toda relación de pareja podría representarse como una constelación formada por tres planetas, tres espacios diferentes: el propio, el de la otra persona y un tercero común; un triángulo que condiciona la relación según éste sea equilátero, isósceles o escaleno. Imaginemos un triángulo en el que los dos primeros planetas, el propio y el de la otra persona, se encuentran próximos entre sí y alejados del tercero común; esta relación será distinta a la que representa, por ejemplo, un triángulo en el que el propio planeta se encuentra cerca del tercero común y alejado del de la otra persona. No es difícil suponer que, de entrada y por diversos motivos, lo ideal sería el sostenimiento en toda relación de un triángulo equilátero pero dado que en una misma relación la posición de esos planetas cambia continuamente, habría que hablar de los triángulos equilátero, isósceles y escaleno como diferentes estados por los que aleatoriamente pasa una relación y lo ideal aquí es, ante todo, ser conscientes de esos estados y de la posición en la se encuentran en nuestra relación esos planetas.

Por otro lado, las relaciones de pareja a las que podamos hacer sitio en nuestras vidas, los contextos en los que tengan cabida y el amor que en ellas podamos experimentar dependerán del vehículo al que nos subamos en la dirección en que traduzcamos el verbo «amar». Cuando el amor es un sentimiento que uno tiene por o hacia otra persona dentro de una relación de pareja a priori capaz de alimentarlo eternamente, cuando resulta ser algo que dos personas se procuran en la reciprocidad de un estar enamorados entendido como un estado en el que permanecer, eso es precisamente lo que esperamos encontrar y nos afanamos en buscar rechazando, en lo que a amor se refiere, todo lo demás. Si lo pensamos, entendido como algo que alguien nos procura en consensuada reciprocidad, el amor necesariamente ha de hacernos posesivos, dependientes y, en este sentido, pasa a tener mucho que ver con una relación comercial que se prolonga en la medida en que haya más ganancias que pérdidas por ambas partes. Aquí, el amor parece llevar consigo un contrato que firmar, ya sea de manera formal o amistosa, de cara a edificar una relación que apueste por el mantenimiento de los mutuos beneficios. Ésta es la consecuencia de convertir el amor en un diamante que hacer nuestro sometiendo su luz a las tinieblas de *nuestra realidad*, sin percibir el árbol del que proviene, confundiéndolo con la mano que supuestamente nos lo ofrece, la de aquél o aquélla a quien decimos amar. Ésta es la consecuencia de resumir el amor en la felicidad que nos proporciona, responsabilizando de ésta a la otra persona, sin asociar tal felicidad a la experiencia de despertar a una realidad común fuera de nuestra mente individual y la maravillosa complicidad de compartir esa experiencia en el seno de una relación, convencidos por el contrario de estar haciendo sitio al amor en nuestras vidas en el sentido de hacer sitio a esa felicidad en un territorio que conquistar y en el que instalarnos.

El argumento más usado para justificar el fin de una relación de pareja suele ser que el amor se ha terminado, tal y como si se tratara de un bien concedido a dos personas en el seno de su relación, un bien susceptible de agotarse. En lo que se refiere a este libro, tal argumento sólo tiene sentido en el escenario de *lo conocido*, en lo que de mar encierra nuestro particular horizonte, no ya en el océano infinito que todos navegamos donde el amor, la luz de *lo profundamente conocido*, nada tiene que ver con la de una vela que se va consumiendo. Siendo el amor la luz con la que iluminar la lámpara de nuestra percepción y, con ello, las tinieblas de *nuestra realidad*, amar en una relación de pareja supone iluminar de igual modo esa relación. En este sentido, cuando decimos que se ha agotado el amor entre dos personas nos referimos a que las tinieblas de sus respectivas realidades se han hecho finalmente con su relación ante la mutua incapacidad de iluminarla o ante la incapacidad de iluminarla mutuamente, por los motivos que sean, a causa siempre de la hegemonía de sus respectivas realidades de *lo conocido* sobre la realidad de *lo profundamente conocido*. El amor al que me refiero se debe al vibrar de un magnetismo desnudo, vacío de uno y otro yo; sin embargo, en la realidad de *lo conocido* ese magnetismo se presenta siempre vestido de otro fenómeno de atracción, el que se produce entre un yo y otro, abrazando cada cual lo que en el otro percibe desde el centro de su particular horizonte, es decir, la expresión o proyección en la otra persona de la estructura mental que cada uno se ha formado del otro en sus respectivas realidades de *lo conocido*. Dada esa especial conexión capaz de trenzar armoniosa y estrechamente la singularidad de dos individuos y de disolverles en la expresión de una suma, dado ese magnetismo desnudo y la disposición, por ambas partes, de acogerlo tal cual, sin disfraces, amando en el sentido que contempla este libro, lo que puede darse por agotado no es ya el amor sino, en todo caso, la relación entre un yo y otro al desestabilizarse insalvablemente ese triángulo formado por el propio planeta, el de la otra persona y el común, puede que a fuerza de tender a ser éste más isósceles o escaleno que equilátero pero, en todo caso, debido básicamente a que las tinieblas de sus respectivas realidades se han hecho finalmente con su relación.

Las veces en que la práctica de *ver uno* se afronta al unísono, en pareja, por la vía que sea, son las que con mayor intensidad llenan de luz, de amor, una relación pero es siempre a través nuestro, a través de cada uno, mediante la experiencia de dejar de ser en *nuestra realidad*, al desvestirse cada cual del yo y reconocerse uno mismo en la expresión de una suma, en la naranja entera. En este sentido, conviene aclarar que para renunciar a *ver dos* en el contexto de una relación de pareja no es necesario hacerlo al unísono, junto a la otra persona, persiguiendo la reciprocidad de un dar y recibir que nada tiene que ver con lo que estamos hablando. En este libro, el amor es la luz de *lo profundamente conocido* y amar supone iluminar la lámpara de nuestra percepción con esa luz, es decir, renunciar a *ver dos*; sin embargo, al entender el amor como algo que dar a otra persona y que recibir de ésta, lo que hacemos es, precisamente, *ver dos*. En principio, de acuerdo a la traducción del verbo «amar» que contempla este libro, no cabría amar a alguien ni ser amado por alguien. Por un lado, si hablamos de renunciar a *ver dos* no cabe destinar esa renuncia a otra persona ya que con ello no haríamos sino *ver dos*. Por otro lado, si el amor es la luz de *lo profundamente conocido*, no cabe ofrecer nuestro amor a otra persona como si fuera eso, nuestro, a no ser que efectivamente lo hagamos nuestro, que hagamos nuestra esa luz sometiéndola a las tinieblas de *nuestra realidad*; en ese caso, si a pesar de ello insistiésemos en seguir hablando de amor, nos referiríamos a otra cosa, no ya al amor que contempla este libro.

Muchas veces las palabras se quedan a medio camino de llegar a expresar lo que verdaderamente queremos decir con ellas y, en este sentido, cuando decimos amar a alguien puede que nos estemos refiriendo al hecho de sentirnos uno con la otra persona al liberar a ésta del disfraz que le adjudicamos en nuestra exclusiva realidad mental, lo que sólo es posible al liberarnos también nosotros de nuestro disfraz, al desvestirnos del yo y suspender en general el carnaval de nuestras estructuras mentales. Dado que, en definitiva, estaríamos hablando de renunciar a *ver dos*, lo más apropiado es referirnos al recipiente más que al receptor, es decir, al hecho de amar en uno u otro contexto más que al hecho de amar a alguien. Al amar en una relación de pareja, al renunciar a *ver dos* en ese contexto, pasamos a reconocernos en la expresión de una suma, en la naranja entera y, en este sentido, no cabe amar a una mitad reconociéndonos en la otra media. Hablamos de abandonar nuestra recortada condición de ser en *nuestra realidad* y de hacerlo, en este caso, en el contexto de una relación de pareja. Al amar, al renunciar a *ver dos*, desvestidos del yo, quien en nosotros ama no es obviamente el yo en el que inconscientemente nos reconocemos ocupando el centro de nuestro particular horizonte y, del mismo modo, al abandonar ese centro, a quien podamos amar tampoco vestirá ante nosotros el disfraz de la estructura mental que le adjudiquemos en el escenario de *lo conocido*. Cuando el amor es la luz de *lo profundamente conocido*, amar es percibir esa luz, conceder a nuestra percepción el escenario de *lo profundamente conocido* donde lo propio de nuestra percepción es *ver uno*, donde no hay media naranja que ame a la otra mitad. Amar es desvestirse de yo y desvestir al otro de la estructura mental que le sostiene en *nuestra realidad*, suspender en general el carnaval de nuestras estructuras mentales iluminando la lámpara de nuestra percepción con la luz de *lo profundamente conocido*, el amor. Como decía, las veces en que la práctica de *ver uno* se afronta al unísono, en pareja, las veces en que ambos iluminan a un tiempo la lámpara de su percepción, son las que con mayor intensidad llenan de luz, de amor, una relación; sin embargo, la lámpara a iluminar es siempre la propia de cada uno y a cada cual le corresponde afrontar la experiencia de dejar de ser en su propia realidad de *lo conocido*.

Mientras que *la experiencia del yo* habilita en los muros de *nuestra realidad* la puerta que el amor ha de cruzar para poder presentarse como tal en lo que de mar encierra nuestro particular horizonte, en atención siempre a la estructura mental que en torno al concepto «amor» nos hallamos formado, por su parte, *la experiencia del amor* abre no ya una puerta de entrada sino varias de salida, distintas puertas por las que abandonar nuestra exclusiva realidad mental, puertas que cruzar al renunciar a *ver dos* y que mantener abiertas incorporando a nuestras vidas el camino de la acción que constituye la práctica de *ver uno*. Amar en los términos que recoge este libro implica hacerlo en diferentes contextos y no ya sólo en el de las relaciones de pareja o en el de las relaciones entre las personas; de hecho, quien tan sólo ame en determinados contextos difícilmente lo hará en el sentido que contempla este libro. Pensemos que hablamos de renunciar a *ver dos* y de ejercitar esa renuncia en los más variados contextos y situaciones; pensemos que hablamos de la práctica de *ver uno* entendida como parte de la experiencia de vivir; pensemos que hablamos de reconocernos en la naranja entera por más que en lo que de mar encierra nuestro particular horizonte nos quedemos en la mitad.

En palabras de Alan Watts, «el principio yin-yang no es lo que comúnmente llamamos dualismo sino, en todo caso, una dualidad explícita que expresa una unidad implícita». De forma resumida, el yin y el yang vendrían a ser las dos caras de una moneda, el polo positivo y el negativo de una pila, imprescindibles para que se produzca la corriente eléctrica. Como también nos dice Alan Watts, el yin y el yang «son aspectos diferentes de uno y el mismo sistema, y la desaparición de uno de ellos significaría la desaparición del sistema». Aquí, *ver dos* se correspondería con el hecho de percibir la cara y la cruz de la moneda como aspectos independientes, desligados, mientras que *ver uno* se correspondería con el hecho de percibir su indivisible naturaleza o «la integridad del sistema». Del principio yin-yang se deriva la unión de todos los opuestos, la polaridad yin-yang es el molde al que se someten todas las polaridades; no obstante, hay una que resume particularmente su más íntima esencia, la polaridad femenino/masculino: El yin y el yang representan aquí los dos aspectos implicados en la creación y la actividad de todas las cosas, de todos los seres, las dos formas de energía de cuya unión surge la vida y en cuya unión acontece, los dos polos de la corriente de vida que habitamos y nos habita, presentes en cada uno de nosotros y en todas las manifestaciones de la vida, en cada elemento del conjunto y en el conjunto en sí. La suma de ambos polos y, con ello, dicha corriente, la que habitamos y nos habita, queda representada magistralmente en el propio símbolo del yin-yang en el que podemos apreciar dos espacios perfectamente equilibrados e integrados en un espacio común, cada uno de ellos presente en el corazón del otro, girando ambos dentro de un círculo en la misma dirección, siendo dos y uno al mismo tiempo. Viéndolo de este modo, no resulta difícil hallar en el propio símbolo del yin-yang la expresión de lo que en este libro se entiende por relación de pareja, la expresión de esa especial conexión capaz de trenzar armoniosa y estrechamente la singularidad de dos individuos y de disolverles juntos en la expresión de una suma. Al hablar de la expresión de una suma me refiero, en cada caso, a una suma concreta en la que se pone de manifiesto la suma de todas las cosas, el conjunto del que todo es parte en la realidad de *lo profundamente conocido*. Cada expresión de una suma, la naranja entera, alude a dos elementos de ese conjunto, uno mismo y un árbol, uno mismo y otra persona, etc., pero en cada suma se da cita la suma de todo. Al hablar de la expresión de una suma nos referimos, por tanto, a *la expresión de la suma* que, por otro lado, cada ser es en sí mismo. Al posicionarnos ante el océano infinito que todos navegamos en vez de ante lo que de mar encierra nuestro particular horizonte, el puzzle de nuestras estructuras mentales desaparece y, sin piezas que asistan a nuestra percepción, en todo reconocemos *la expresión de la suma*.

Si lo pensamos, la fuerza o el poder que posee el símbolo del yin-yang se debe a que éste resulta ser, en sí mismo, *la expresión de la suma*, y lo mismo podría decirse del símbolo de la cruz, donde una línea horizontal y otra vertical expresan igualmente la suma de los opuestos, condensando la suma de todas las cosas, con la particularidad de ser además el signo empleado en matemáticas para sumar. En el libro «El arte y sus lugares», Tàpies aclara que «la cruz de las oposiciones es más una vivencia que una imagen, una verdadera estructura íntima de nuestro ser que, a la vez, nos estructura con el resto del mundo». El símbolo de la cruz se cuenta entre los primeros que empleó el ser humano y está presente en culturas tan dispares como la del antiguo Egipto o la de los indios americanos; en relación a ésta última, Joseph E. Brown escribe: «Para el indio americano, la forma material del símbolo no representa una realidad distinta o superior sino que es esa realidad en una imagen. El poder o cualidad que un símbolo refleja puede ser transferido directamente a la persona en contacto con él y no hay necesidad, como ocurre con el hombre occidental moderno, de ninguna reconstrucción mental o artificial. El indio americano es capaz de absorber el poder que refleja y llegar a ser uno con él».

Tanto el símbolo de la cruz como el del yin-yang condensan la suma de todas las cosas y, en sí mismos, expresan esa suma y su intrínseca actividad, la corriente de vida que habitamos y nos habita, la luz de *lo profundamente conocido*, lo que cada qué y cada quién es en el océano infinito que todos navegamos, al margen de nuestras estructuras mentales. En su contemplación, ambos símbolos vienen a reconciliarnos con aquello que expresan, con la expresión que en sí mismos son, y a proponernos una experiencia relativa a nuestra percepción en la que intermedia la de dejar de ser en *nuestra realidad*, la de renunciar a *ver dos* para reconocernos en *la expresión de la suma*, en lo que ambos símbolos representan y en sí mismos son. En este sentido, lo que uno y otro símbolo nos ofrecen es un espejo en el que reconocernos al desvestirnos del yo, al abandonar el centro de nuestro particular horizonte, al experimentar en ellos «más una vivencia que una imagen». Es cierto que todo cuanto es objeto de nuestra percepción en el escenario de *lo profundamente conocido* viene a proponernos esa misma experiencia, a ofrecernos ese espejo, al margen de nuestras estructuras mentales y su expresión en el acuario de nuestra mente; liberada nuestra percepción de *la experiencia del yo* y *lo conocido*, cada qué y cada quién resulta ser una expresión en sí misma, *la expresión de la suma*.

Situémonos de nuevo ante un árbol: Al conceder a nuestra percepción el escenario de *lo profundamente conocido*, liberándola de la óptica de nuestros catalejos, lo que percibimos en el árbol no es ya la expresión de la estructura mental que le hayamos adjudicado en lo que de mar encierra nuestro particular horizonte sino la expresión de lo que el árbol es fuera del acuario de nuestra mente, en el océano infinito que todos navegamos. En ese escenario nosotros, al igual que el árbol, dejamos de ser en *nuestra realidad* y, desvestidos del yo, pasamos a reconocernos no ya en la expresión de lo que creemos ser ocupando el centro de nuestro particular horizonte sino en la expresión de lo que somos en *lo profundamente conocido*. Sin disfraces, suspendido el carnaval de nuestras estructuras mentales, gobernada nuestra percepción por *la experiencia del amor*, el árbol pasa a ser lo que nosotros somos o, si se prefiere, nosotros pasamos a ser lo que el árbol es, y en ambos casos nos referimos a *la expresión de la suma*.

Al afrontar la práctica de *ver uno*, la luz del diamante oculto en el corazón de la montaña hace transparente la masa rocosa que lo envuelve y surge idéntica de nuestras entrañas y de todo cuanto nos rodea; esa luz, la luz de *lo profundamente conocido* que en este libro se identifica con el amor, es *la expresión de la suma* en la que reconocernos, lo que somos y lo que cada qué y cada quién es fuera del acuario de nuestra mente, sin los disfraces de nuestras estructuras mentales. La práctica de *ver uno* puede equipararse, por tanto, a la práctica de percibir en todo esa luz «unificadora», es decir, a la práctica de percibir en todo *la expresión de la suma* en la que reconocernos.

En lo que de mar encierra nuestro particular horizonte, lo que percibimos en el símbolo de la cruz y el del yin-yang, como sucede con el árbol o con nosotros mismos, no es sino la expresión de lo que en ellos percibimos ocupando el centro de nuestro particular horizonte; sin embargo, en ese mismo escenario, en el de *lo conocido*, uno y otro símbolo, a diferencia del árbol nosotros mismos, sí se manifiestan como una evidente expresión de algo y, en este sentido, son objeto de una percepción diferente, la que en general despierta el arte o lo artístico en cada uno de nosotros, una percepción de las cosas que no viene a hacernos «conocer» lo que éstas expresan sino a hacernos conectar con la expresión que en sí mismas son, con su vibrar, con su latir. Esta percepción «artística» pone en evidencia las limitaciones que presenta la óptica de nuestros catalejos y el escenario de *lo conocido*; y viene a situarnos en la antesala de la práctica de *ver uno*, a un paso de librarnos de nuestros catalejos con la naturalidad de quien sin pensarlo se quita sus gafas para ver algo que con ellas no ve bien. La Educación Artística que contempla este libro, vinculada al hecho de asumir nuestra condición de artistas, convierte esa antesala en nuestro espacio o lugar de residencia, llevándonos a activar la percepción de la que hablo no ya sólo ante el símbolo del yin-yang o el de la cruz, o ante el arte o lo artístico, sino ante todo cuanto sea objeto de nuestra percepción. La Educación Artística que contempla este libro nos lleva a otorgar a la experiencia de vivir el sentido artístico que le es propio, es decir, a percibirlo todo no sólo desde el centro de nuestro particular horizonte sino también por encima de nosotros mismos, al margen de nuestras estructuras mentales, no sólo en lo que de mar encierra nuestro particular horizonte sino también en el océano infinito que todos navegamos, posicionándonos no sólo ante la expresión de nuestras estructuras mentales, percibida como tal, como expresión de algo, en el escenario de *lo conocido*, lo cual es ya un avance, sino también ante aquello que nuestras estructuras mentales disfrazan, pericibiéndolo al desnudo, sin disfraz, en el escenario de *lo profundamente conocido*.

En las tinieblas de *nuestra realidad* no percibimos sino las formas en las que reconocemos o proyectamos nuestras estructuras mentales; todo lo que se adentra en lo que de mar encierra nuestro particular horizonte pasa a ser la expresión de una u otra estructura mental y, de este modo, privados cada qué y cada quién de su condición de ser en *lo profundamente conocido*, lo que tenemos en la realidad de *lo conocido* viene a ser un álbum de cromos o una baraja de cartas. Para entenderlo mejor, pensemos en esas cartas en blanco o vacías que en el juego podemos convertir en cualquier naipe de la baraja, las llamadas «comodines» que en definitiva representan lo que todas cartas son antes de ser impresas y pasar ser un tres de picas, un dos de corazones, etc. Dentro de esta metáfora, en la realidad de *lo profundamente conocido* todas las cartas de la baraja se nos muestran así, en blanco o vacías y sólo al adentrase en lo que de mar encierra nuestro particular horizonte pasan a vestir el disfraz que le adjudiquemos en *nuestra realidad*, en nuestra partida. En este sentido, en el escenario *lo profundamente conocido,* los símbolos del yin-yang o el de la cruz podrían ir impresos en todas esa cartas en blanco mientras que, en el escenario de *lo conocido*, sólo los comodines llevarían impresos esos símbolos, permaneciendo así, en blanco, siendo todo, hasta que decidamos lo que a nuestra conveniencia van a ser en nuestra partida.

La percepción que nos permite vibrar en el latir de la cruz o del yin-yang es la que nos hace experimentar en la contemplación de ambos símbolos «una verdadera estructura íntima de nuestro ser que, a la vez, nos estructura con el resto del mundo». Hacer sitio en nuestras vidas a esta percepción supone hacer sitio a la Educación Artística que contempla este libro en el proceso de individuación e integración que constituye la propia vida de cada uno. En definitiva, se trata de asumir nuestra condición de artistas posicionándonos de otro modo ante el lienzo en blanco o vacío que a todos se nos presenta en nuestras vidas.

UN LIENZO EN BLANCO

El ideograma empleado por los chinos para expresar el concepto «Tao» suele traducirse como «camino», sin embargo, como elementos evidentemente artísticos, los ideogramas poseen un carácter simbólico sujeto a una experiencia estética relativa a nuestra percepción, como sucede con la cruz o el yin-yang, y no pueden someterse a lo estricto del diccionario. No podemos traducir «Tao» como «camino» sin aclarar que no se refiere al camino propiamente dicho ni a la acción de recorrerlo avanzando en una dirección sino, más bien, a la acción de moverse paso a paso: «El Tao está en el caminar más que en el final del camino» (Kakuzo Okakura). En base a esta aclaración podemos establecer una relación directa entre el Tao y el camino de la acción que constituye la práctica de *ver uno*, una relación que viene a desdoblar el último pliegue del mapa que representa este libro para extenderlo completo sobre la mesa.

> - ¿Qué es el Tao?
> - Tu Consciencia Ordinaria.
> - ¿Cómo puede uno ponerse de acuerdo con él?

- Proponiéndote estar de acuerdo, te desvías inmediatamente.

- Pero sin proponérselo, ¿cómo puede uno conocer el Tao?

- El Tao no consiste en conocerlo o en no conocerlo; conocerlo supone una comprensión falsa, no conocerlo implica una ignorancia ciega. Si realmente comprendes el Tao, sin lugar a dudas, es como el cielo vacío.

Alan Watts, en su libro «El Camino del Tao» («Tao: The Watercourse Way»), del cual me he permitido extraer este diálogo entre dos maestros chinos, aclara que por «Consciencia Ordinaria» se entiende «el modo en que el mundo es percibido de manera natural, tal y como lo percibe un niño que aún no sabe hablar». Recuperemos ahora lo que escribí acerca del origen de *nuestra realidad* que se corresponde con el de nuestras estructuras mentales: «Podríamos relacionarlo con ese momento en el que decimos que uno pasa a tener uso de razón, aunque tratando de ser más explícitos tendríamos que referirnos a la etapa de nuestras vidas en la que el lenguaje hace aparición conceptuándolo todo para llamar a las cosas «por su nombre». Ahora bien, de una en una, nuestras estructuras mentales no son sino los huesos de un esqueleto, las aisladas piezas de un puzle. El surgimiento de *nuestra realidad* se debe, principalmente, a nuestra capacidad de hacerlas interactuar: - Yo no soy un delfín-; la sintaxis y, en un sentido más amplio, el lenguaje, es lo que viene a confirmarnos en *nuestra realidad*, a hacerla efectiva en nuestras vidas». Según esto, la percepción «de un niño que aún no sabe hablar» precede a la gobernada por *la experiencia del yo* y *lo conocido,* al engaño de las formas, al carnaval que nuestro lenguaje celebra en lo que de mar encierra nuestro particular horizonte. Por «Consciencia Ordinaria» se entiende aquélla que, como adultos, podemos despertar en nosotros al dejar de ser en *nuestra realidad,* al suspender ese carnaval, al renunciar a *ver dos,* es decir, al conceder a nuestra percepción el escenario de *lo profundamente conocido,* y me refiero a ese ser conscientes que cultivar en nuestras vidas dentro del camino de la acción que constituye la práctica de *ver uno.*

> «Entonces llamó a un niño, le puso en medio de ellos y dijo: En verdad os digo, si no os volvéis y hacéis como los niños, no entraréis en el Reino de los Cielos.»

> San Mateo 18, 2-4.

El Reino de los Cielos se corresponde, en este libro, con la realidad de *lo profundamente conocido,* y el entrar en ese reino se debe a un ejercicio de la percepción, el de renunciar a *ver dos.* Si no iluminamos la lámpara de nuestra percepción liberándola de *la experiencia del yo,* de nuestras estructuras mentales, de *lo conocido,* jamás podremos percibir la realidad a la que asistimos fuera de nuestra mente individual, en el océano infinito que todos navegamos. Si no hacemos sitio en nosotros a lo que sería, en ese sentido, la percepción «de un niño que aún no sabe hablar», no tendremos noticia alguna de la existencia de ese «reino», de nuestra presencia en él, ni de su presencia en nosotros, condenados sin saberlo a navegar ese océano infinito confundiéndolo con lo que de mar encierra nuestro particular horizonte. Si sólo concedemos a nuestra percepción el escenario de *lo conocido* jamás descubriremos ese océano, el escenario de *lo profundamente conocido*, el «Reino de los Cielos» al que asistimos fuera de nuestra mente individual, al margen de nuestras estructuras mentales.

A propósito de la percepción de los niños, Herbert Read escribe: «Los niños, como los salvajes, como los animales, experimentan la vida de forma directa, no desde una distancia mental. A su debido tiempo deben perder esta inocencia prístina, hacer a un lado las cosas infantiles; más, ¿qué han de colocar en el lugar de la conciencia unificada de que han gozado hasta entonces? Tal es la pregunta fundamental y la única respuesta que pueden dar la civilización moderna y sus pedagogos es la siguiente: Una conciencia escindida, un mundo compuesto de fuerzas discordantes, un mundo de imágenes divorciadas de la realidad, conceptos divorciados de la sensación, lógica divorciada de la vida». El mismo autor atribuye a la educación una finalidad que, a su vez, también atribuye al arte; según nos dice, tal finalidad debería consistir en «preservar la totalidad orgánica del hombre y de sus facultades mentales en forma tal que a medida que pasa de la niñez a la edad adulta, del salvajismo a la civilización, conserve sin embargo esa unidad de conciencia que constituye la única fuente de armonía social y de felicidad individual». Esta mutua finalidad atribuida al arte y a la educación viene a definir la Educación Artística que contempla este libro, esa que incorporar a nuestras vidas dentro del camino de la acción que constituye la práctica de *ver uno*. Hablamos de educar, o reeducar de continuo, nuestra percepción y su correspondiente expresión en los lenguajes que empleamos, y de la necesidad de asumir, a tal efecto, nuestra condición de artistas.

Podríamos decir que al pasar de la niñez a la edad adulta asistimos al surgimiento de las tinieblas de *nuestra realidad,* tal y como si se tratara de un eclipse que paulatinamente y a partir de entonces fuera ocultando esa luz de la que los niños resultan ser emisarios en el mundo de los adultos, la luz de *lo profundamente conocido*. Los niños nos advierten de la presencia de esa luz y de la posibilidad que tenemos de iluminar con ella nuestra percepción. Quienes hayan leído «El Principito» coincidirán en que este personaje, venido de otro planeta, representa como ningún otro a los niños como emisarios de esa luz en el mundo de los adultos: «Sólo se ve bien con el corazón, lo esencial es invisible a los ojos». Esta maravillosa frase vincula «el corazón», el amor, con la percepción, y eso es precisamente lo que planteo en este libro, en este mapa, al identificar el amor con la luz *lo profundamente conocido*, la luz que ilumina nuestra percepción en el océano infinito que todos navegamos, la luz que nos permite ver lo que cada quién y cada qué es en ese océano, fuera del acuario de nuestra mente, al margen de nuestras estructuras mentales. «Lo esencial» sólo puede verse con «el corazón», bajo esa luz y, en este sentido, «ver con el corazón» sería renunciar a *ver dos*, amar, iluminar la lámpara de nuestra percepción con la luz de *lo profundamente conocido* que nos permite *ver uno*.

Es importante que los adultos recordemos y tengamos presente la ausencia, en nuestra niñez, del eclipse que en lo que respecta a la luz de *lo profundamente conocido* representan las tinieblas de *nuestra realidad* comprobando, mediante la práctica de *ver uno*, que dicho eclipse no es sino un espejismo provocado por *lo conocido* y *la experiencia del yo*, el espejismo al que asistimos en lo que de mar encierra nuestro particular horizonte al conceder a nuestra percepción ese escenario. Con la sana intención de favorecer lo menos posible ese eclipse en las generaciones que nos siguen, la educación que como adultos podamos ofrecer a los niños pasa necesariamente por nuestra propia re-educación en términos de Educación Artística, incorporando a nuestras vidas el camino de la acción que constituye la práctica de *ver uno*.

«Mi dibujo no representaba un sombrero. Representaba una serpiente boa que digería un elefante. Dibujé entonces el interior de la serpiente boa a fin de que las personas mayores pudiesen comprender. Siempre necesitan explicaciones.»

Antoine de Saint-Exupery («El Principito»)

Como escribí anteriormente: «A cada golpe de cincel que Miguel Ángel infligía al mármol, cada uno de esos cuerpos se iba liberando del disfraz o la forma que ocultaba su auténtica naturaleza, su auténtica realidad. Si nos perdemos en esta sensación contemplando una de esas esculturas, entregados al haz de luz que nos eleva por encima de nuestro barco, puede que escuchemos al propio Miguel Ángel susurrándonos al oído: - ¿Lo veis ahora?, ya os dije que esas rocas encerraban otra realidad y no supisteis verlo, vosotros sólo veíais un bloque de piedra-. Si hablamos de nuestro despertar a *lo profundamente conocido*, éste sería el modo de obrar como escultores de la realidad, viéndola nítidamente detrás de las formas, bajo los disfraces con los que vestimos a cada qué y cada quién, incluyéndonos a nosotros mismos, en lo que de mar encierra nuestro particular horizonte.»

El Tao, nos dicen, es «como el cielo vacío» y, en este sentido, el Taoísmo nos invita a vaciarnos de nosotros mismos, es decir, a desvestirnos del yo, a suspender la expresión de *nuestra realidad*, el carnaval que nuestro lenguaje celebra en lo que de mar encierra nuestro particular horizonte, el carnaval de nuestras estructuras mentales. Sólo en ese vacío podremos hacer sitio a otra percepción de las cosas y, más concretamente, a la percepción «de un niño que aún no sabe hablar»; de hecho, esa percepción es precisamente lo que nos posiciona ante ese vacío que se corresponde con el escenario de *lo profundamente conocido*. El Taoísmo entiende por «verdaderas personas» a aquéllas que han realizado el ideal taoísta de «liberación de las artificialidades», lo que en este libro podría traducirse en suma como la liberación del artificio de *nuestra realidad*, del engaño de las formas. El «Wen Tzu» es uno de los libros que recogen la sabiduría taoísta y en el prólogo a una de sus ediciones Thomas Cleary explica que «las verdaderas personas están naturalmente escondidas no porque actúen en secreto, en el sentido ordinario de la palabra, sino porque no se engrandecen ni llaman la atención sobre sí»; y nos aclara que «la subordinación del ámbito terrenal» que contempla ese ideal no supone desentenderse de ese ámbito sino que viene a ofrecernos «una visión de la vida individual y social como vehículos de una potencialidad más elevada y amplia», lo cual guarda entera relación con el planteamiento de incorporar a nuestras vidas el camino de la acción que constituye la práctica de *ver uno* sin pretender desentendernos del escenario de *lo conocido*, de *nuestra realidad*, del «ámbito terrenal». Al identificar la «liberación de las artificialidades» con la liberación del artificio de *nuestra realidad* no me refiero a conquistar un territorio en el que instalarnos a salvo de esa realidad. En este libro, esa liberación se debe a un ser conscientes que cultivar en nuestras vidas dentro del camino que constituye la práctica de *ver uno,* relativo al hecho de perseverar en la experiencia de dejar de ser en la realidad de *lo conocido*, cruzando puertas que mantener abiertas en los muros de *nuestra realidad*. Como ya he dicho, la sola posibilidad de desvestirnos del yo en cualquier momento nos hace libres.

La concepción taoísta del vacío halla una directa y fascinante expresión en la Ceremonia del Té japonesa, una ceremonia en la que el espacio en que se celebra, la Sala del Té o «Sukiya» también se denomina «Casa del Vacío». Se trata de un espacio independiente al que se llega por un sendero llamado «Roji» en el que a cada paso que damos nos alejamos de *nuestra realidad* y de lo que creemos ser en ella. La Ceremonia del Té viene a ofrecernos una experiencia estética, una experiencia relativa a nuestra percepción: Un ritual de entrega al momento en el que vaciarnos de nosotros mismos, en el que desvestirnos del yo y liberarnos de nuestras estructuras mentales; un ritual en el que conceder a nuestra percepción el escenario de *lo profundamente conocido*; un ritual de entrega a la percepción de cada instante, al sabor del té, a su aroma, al sonido que produce al servirlo en la taza, al tacto de la taza, etc. En la Sala del Té o «Casa del Vacío» todo participa de esta experiencia, desde la luz hasta el más mínimo detalle y, en cada ocasión, el «Maestro de Té», el encargado de conducir la ceremonia, es quien prepara ese espacio que suele incluir, entre otras cosas, un efímero altar en representación de la Naturaleza. Hablamos, por tanto, de una ceremonia marcada por un profundo sentido artístico en la que cada ingrediente, empezando por cada uno de los asistentes, participa de un todo, de un conjunto en el que percibir la expresión de una suma en la que reconocernos al dejar de ser en *nuestra realidad*; una suma manifestada en la inmediatez de cada instante, en el aquí y ahora, en el momento presente al que entregarnos vacíos, al margen de todo camino-hacia, al margen de nuestra exclusiva realidad mental, posicionándonos ante el océano infinito que todos navegamos en vez de ante lo que de mar encierra nuestro particular horizonte.

Al otro lado del Pacífico, entre las ceremonias de los indios americanos hay una que podemos relacionar con la Ceremonia del Té japonesa. Se trata de un ritual que igualmente se debe a una experiencia estética relativa a nuestra percepción y al hecho de conceder a ésta el escenario de *lo profundamente conocido*, un ritual de entrega al momento en el que liberarnos de *la experiencia del yo* y *lo conocido*. Esta ceremonia también cuenta con un espacio especialmente habilitado para su celebración, en este caso una rudimentaria cabaña en la que no entra la luz y en la que todo, empezando por su forma circular, tiene un valor simbólico. Dentro, el suelo se cubre con hojas de salvia y en el centro se colocan unas piedras expuestas previamente al calor del fuego. En la ceremonia, los participantes se internan en la llamada «Cabaña de sudar» y permanecen a oscuras rociando con agua las piedras calientes. Al igual que en la Ceremonia del Té, estamos ante una experiencia relativa a la percepción de cada instante en la que, en este caso, privados del sentido de la vista, en la oscuridad, se percibe con mayor intensidad el aroma de la salvia, el sonido de los cánticos, la cálida humedad del ambiente, la depuración que conlleva el sudar, etc. Como culminación del ritual, finalmente «la luz penetra en la oscuridad para que podamos ver no sólo con nuestros ojos sino también con el ojo único que hay en el corazón y con el cual descubrimos todo lo que es verdadero». Como nos dice el Principito, «sólo se ve bien con el corazón, lo esencial es invisible a los ojos». Ese «ojo único que hay en el corazón» se corresponde con el «ojo sano» del que hablan los Evangelios, el que nos permite *ver uno* al renunciar a *ver dos*, es decir, al amar, al iluminar la lámpara de nuestra percepción con la luz de *lo profundamente conocido* que en este libro se corresponde con el amor. Y así «la luz penetra en la oscuridad», en las tinieblas de *nuestra realidad,* «para que podamos ver no sólo con nuestros ojos», no sólo a través de nuestros catalejos en lo que mar encierra nuestro particular horizonte. Esta ceremonia supone dejar de ser en *nuestra realidad*, desvestirnos del yo, vaciarnos de nosotros mismos, es decir, entregarnos al momento, a un vacío en el que dejar entrar la luz, o mejor dicho, a un vacío en el que concedernos la oportunidad de percibir la luz que ya está en nosotros y en todo cuanto nos rodea. Tanto en la «Casa del Vacío» como en la «Cabaña de Sudar», en uno y otro ritual se afronta la práctica de *ver uno*, en ambos casos pasamos a reconocernos en la expresión de una suma: El taoísta se disuelve en el momento presente del que todo participa mientras que el indio americano lo hace en el «Gran Espíritu» que aúna todas las cosas, ambos lo hacen en el océano infinito que todos navegamos al conceder a su percepción el escenario de *lo profundamente conocido* afrontando la experiencia de dejar de ser en *nuestra realidad*, una experiencia relativa a nuestra percepción y a su correspondiente expresión en nosotros mismos y nuestras vidas, una experiencia que viene a iluminar nuestra condición de artistas y a poner de manifiesto la necesidad de asumir individualmente esa condición otorgando a la experiencia de vivir el sentido artístico que le es propio.

Otro ritual que más atrevidamente podría relacionarse con la Ceremonia del Té japonesa y que sin duda le resultará mucho más familiar al urbanita europeo es el que viene a ilustrar la figura del «flaneur», la persona que se entrega a la poética percepción de cada instante fluyendo en el cauce de un callejear sin rumbo exponiendo sus sentidos al imprevisible caudal de la ciudad; una experiencia comparable a la del taoísta que se adentra en la «Casa del Vacío» o a la del indio americano que lo hace en la «Cabaña de sudar» si pensamos que en los tres casos asistimos a un ritual de entrega al momento, de entrega a la percepción de cada instante, del aquí y el ahora. Lo que estos tres casos vienen a plantearnos es la posibilidad de abandonar el centro de nuestro particular horizonte y fluir en diferentes contextos, la posibilidad de conceder a nuestra percepción, por diversas vías, otro escenario. Para ello, podemos recurrir a rituales heredados de diferentes culturas o religiones pero también a otros que no presenten la más mínima sofisticación ceremonial. Al principio del libro cité la meditación, el ayuno, la práctica de ciertos rituales y la ingestión de determinadas sustancias naturales o productos químicos equivalentes como algunos de los medios o recursos habitualmente empleados para afrontar la experiencia de dejar de ser en *nuestra realidad*, entre los que también he incluido, de manera más concreta, disciplinas como el Yoga, el Tai-Chi o el Chi-Kung, pero aparte de las numerosas prácticas y rituales que fruto de la experiencia de otros nos vienen dadas, cada cual puede también ir abriendo y transitando vías que le faciliten la experiencia de abandonar el centro de su particular horizonte recurriendo a la espontaneidad de procedimientos intuitivos en los más variados contextos y situaciones. Por ejemplo, algunas de las actividades que diariamente ocupan parte de nuestro tiempo, tales como cocinar o ducharnos, o ciertas situaciones que se nos presentan menos a menudo, como el duelo ante una pérdida o unas breves vacaciones, perfectamente pueden abrir puertas a la experiencia de dejar de ser en *nuestra realidad* que abordar como una entrega al momento en la que afrontar la práctica de *ver uno*. Cada día se nos presentan un sinfín de situaciones en las que activar la experiencia de dejar de ser en *nuestra realidad*, en las que abandonar el centro de nuestro particular horizonte; se trata de no limitar nuestras vidas a lo que de mar encierra ese horizonte; se trata de ver más allá, por encima de nosotros mismos, al margen de *la experiencia del yo* y *lo conocido*, al margen de nuestras estructuras mentales; se trata de renunciar a *ver dos* y, desvestidos del yo, entregarnos a la práctica de *ver uno*. «Una vez hemos descubierto en qué modo sucumbimos a nuestra exclusiva realidad mental podemos intervenir en su expresión, no ya corrigiéndola sino boicoteándola en lo que sería un acto de rebeldía en respuesta a la imperante tiranía de *lo conocido* presidida por *la experiencia del yo*, un acto de liberación relativo a la experiencia de dejar de ser en *nuestra realidad*. A efectos prácticos, y expresado de un modo muy sencillo, se trataría de un acto de desobediencia al yo en el que inconscientemente nos reconocemos y que, desde su restringida experiencia, manipula nuestra vida, dictándonos en todo momento lo que hemos de hacer o decir, lo que hemos de pensar o sentir, en base a su particular visión de las cosas, de acuerdo a la percepción que hagamos o tengamos de nosotros mismos y de todo cuanto nos rodea ocupando el centro de nuestro particular horizonte, en el escenario de *lo conocido*. Hablamos de conceder a nuestra percepción y a su correspondiente expresión otro escenario, el de *lo profundamente conocido*, y de hacerlo ante las más variadas situaciones de nuestra vida, en las más diversas escenas de nuestra película; hablamos de renunciar a la expresión de la realidad que percibimos en lo que de mar encierra nuestro particular horizonte. Ese acto de rebeldía, de liberación, de desobediencia resulta ser un pacífico acto de renuncia que conlleva una entrega al momento, a la corriente de vida en la que estamos inmersos, atendiendo a sus demandas y no a las ofertas que queramos ver instalados en el centro de nuestro particular horizonte, lo que en general podría traducirse en el hecho de adaptar nuestra percepción, nuestros sentidos, a su ambiente objetivo en vez de adaptar ese ambiente objetivo a nuestra percepción. En este sentido, es necesario aclarar que esa entrega no se refiere a un simple e interesado dejarse llevar sino a un dejar de ser en *nuestra realidad* que supone renunciar al yo que interpretamos o en el que inconscientemente nos reconocemos en *lo conocido* sin enfrentarnos a él; renunciar a su habitual percepción de las cosas y a su correspondiente expresión en nosotros mismos y en nuestras vidas; renunciar a *la experiencia del yo*, a nuestros catalejos».

El camino de la acción que constituye la práctica de *ver uno* se debe al hecho de perseverar en la experiencia de dejar de ser en *nuestra realidad*; habiendo incorporado a nuestras vidas esa práctica, ese perseverar, ese camino, ese proceso que en sí mismo nos hace ser conscientes, «cada deseo del yo, como tantas otras cosas, nos brinda la oportunidad de presionar el interruptor dejar de ser en *nuestra realidad* entregándonos a la experiencia que en cada ocasión nos aguarde fuera del acuario de nuestra mente, en el escenario de *lo profundamente conocido*. En general, se trata de advertir esa oportunidad, la de presionar ese interruptor en los más variados contextos y situaciones. Podemos renunciar a un deseo con la consciencia de renunciar a *ver dos* pero de igual modo, con esa misma consciencia, podemos renunciar, por poner otros ejemplos, a una presentida respuesta ante una determinada situación, a un impulso o a una repentina opinión fruto de *la experiencia del yo*, al enfoque que acostumbremos a dar a un determinado asunto, a nuestros planteamientos sobre cualquier cosa, a una idea creada, a un hábito, a una costumbre, a la imagen que nos hayamos formado de nosotros mismos o de otra persona, a nuestra particular y afectada percepción de un árbol, a nuestra habitual manera de hacer una determinada cosa o de comportarnos en cierto contexto, etc. En estos y otros muchos casos podemos entregarnos a la experiencia de dejar de ser en *nuestra realidad* acogiéndola como tal, como experiencia, una experiencia en la que perseverar dentro del camino de la acción que constituye la práctica de *ver uno.*»

El renunciar a la expresión de *nuestra realidad* en cualquier contexto o situación supone, en cada caso, renunciar de manera particular a la expresión de la percepción que hagamos o tengamos de algo en concreto, sea lo que sea, ocupando el centro de nuestro particular horizonte. Lo que hacemos en *nuestra realidad* es expresar directamente esa percepción en nuestras palabras y acciones, en nuestros pensamientos y emociones, siendo la expresión de esa percepción lo que nos confirma en esa realidad, lo que la hace efectiva en nuestras vidas. Sin embargo, al renunciar a esa expresión lo que hacemos es renunciar a la percepción a la que obedece y, por tanto, a la realidad que percibimos ocupando el centro de nuestro particular horizonte, posicionándonos así ante un vacío que en el que hacer sitio a otra percepción, un vacío que en sí mismo es ya una percepción, la que nos brinda el escenario de *lo profundamente conocido* en ausencia de nuestras estructuras mentales, un vacío que se corresponde con *la expresión de la suma*, con el lienzo en blanco que da nombre a este capítulo.

Dentro del camino de la acción que constituye la práctica de *ver uno*, cada cual puede afrontar la experiencia de dejar de ser en *nuestra realidad* de diferentes maneras y, de hecho, para perseverar en esa experiencia es necesario hacerlo por diversas vías, mediante distintos recursos y en los más variados contextos. Se trata de incorporar a nuestras vidas el camino de la acción que ese perseverar constituye, en esto consiste la práctica de *ver uno* que ha de acogerse como parte de la experiencia de vivir, no como una experiencia aislada, y afrontarse en el día a día. De ahí la necesidad de renunciar a *ver dos* por diversas vías, mediante distintos recursos y en los más variados contextos y situaciones. Lo fundamental es afrontar, en cada ocasión, la experiencia de dejar de ser en *nuestra realidad* sin confundirla con otra, afrontar esa experiencia y no otra. Por ejemplo, supongamos que al elevarnos por encima de nuestro barco no hacemos sino subir al palo mayor sin abandonar verdaderamente el centro de nuestro particular horizonte, o que decidimos poner rumbo a *lo profundamente conocido* convirtiendo ese dejar de ser en un territorio que alcanzar y en el que instalarnos. En éstos y otros casos no asistimos a la experiencia de dejar de ser en *nuestra realidad*, no nos desvestimos del yo, no renunciamos a *ver dos* y, sin embargo, es fácil creer que sí; por este motivo me he esforzado en plasmar con distintas palabras lo que supone dejar de ser en *nuestra realidad* y perseverar en esa experiencia dentro del camino de la acción que constituye la práctica de *ver uno*: Elevarnos por encima de nosotros mismos; desvestirnos del yo; abandonar el centro de nuestro particular horizonte, el barco de nuestra inconsciencia; descubrir que la realidad en la que vivimos no es aquélla en la que creemos vivir ocupando el centro de nuestro particular horizonte; ahondar en tal descubrimiento, pasar a habitarlo; despertar a *lo profundamente conocido*, habitar ese despertar; percibir en nosotros y en todo cuanto nos rodea la luz del diamante oculto en el corazón de la montaña, la luz de *lo profundamente conocido;* iluminar la lámpara de nuestra percepción con esa luz, percibirlo todo bajo esa luz; reconocernos en *la expresión de la suma*; abandonar las tinieblas de *nuestra realidad*; suspender el carnaval de nuestras estructuras mentales al que asistimos en el acuario de nuestra mente; conceder a nuestra percepción el escenario de *lo profundamente conocido* posicionándonos ante el océano infinito que todos navegamos en vez de ante lo que de mar encierra nuestro particular horizonte; zambullirnos en ese océano, solos o acompañados; liberar nuestra percepción de la óptica de nuestros catalejos; sustituir en nuestra percepción *la experiencia del yo* por *la experiencia del amor*; renunciar a *ver dos*, amar, *ver uno*; entregarnos al momento presente desvestidos del yo y al margen de todo camino-hacia; vaciarnos de nosotros mismos, de *la experiencia del yo*, de *lo conocido*, liberando nuestra percepción de nuestras estructuras mentales; etc.

Las «Puertas de la Liberación» que contempla el Budismo son la «Vacuidad», el «Trascender las Formas» y la «Ausencia de Deseo, de Propósito». Por un lado, «Trascender las Formas» sería suspender el carnaval que nuestro lenguaje celebra en lo que de mar encierra nuestro particular horizonte. Por otro lado, dado que todo deseo o propósito es siempre del yo en el que nos reconocemos ocupando el centro de nuestro particular horizonte, la «Ausencia de Deseo, de Propósito» se correspondería con el hecho de elevar nuestra percepción por encima de ese centro. Y por último, la «Vacuidad», que no se refiere a la ausencia de toda existencia: Para el budista, el vacío de algo siempre se llena de otra cosa, un vaso que se vacía de agua se llena de aire. De este modo, la «Vacuidad» hace referencia al vacío de una existencia separada, cada elemento del conjunto es el conjunto en sí, nada existe sin todo lo demás, «si observamos profundamente una cosa vemos en ella todo el cosmos».Vaciarnos de nosotros mismos, de *la experiencia del yo*, de *lo conocido*, liberando nuestra percepción de nuestras estructuras mentales, supone desvestirnos del yo y liberar a cada quién y a cada qué del disfraz de su correspondiente estructura mental para percibir, aquí y allá, en el vacío resultante, *la expresión de la suma* en la que reconocernos.

El Taoísmo suele traducirse como «el arte de estar en el mundo» concediendo con ello a la experiencia de vivir un sentido artístico y planteándonos la necesidad de asumir la condición de artistas que en este libro se atribuye a todo ser humano, planteándonos la necesidad de posicionarnos, en nuestras vidas, ante un lienzo en blanco. Ocupando el centro de nuestro particular horizonte, en *nuestra realidad*, lo que en ese lienzo plasmamos es la expresión de lo que percibimos en el escenario de *lo conocido*, bajo la óptica de nuestros catalejos, y en esa expresión nos reconocemos sin saber de nuestra condición de artistas ni advertir si quiera la presencia de ese lienzo. Asumir nuestra condición de artistas supone posicionarnos conscientemente ante ese lienzo en blanco al conceder a nuestra percepción el escenario de *lo profundamente conocido*, situándonos no sólo ante lo que de mar encierra nuestro particular horizonte sino también ante el océano infinito que todos navegamos: «Hasta aquel momento veinticinco años de mi vida habían servido para emborronar un lienzo en blanco antes inadvertido.»

Ante un lienzo en blanco, Kandinsky nos dice que un artista es capaz de percibir la respiración del mismo, y lo compara con un organismo vivo: «Cada fenómeno puede ser experimentado de dos modos no arbitrarios sino ligados al fenómeno y determinados por la naturaleza del mismo o por dos de sus propiedades: exterioridad e interioridad. La calle puede ser observada a través del cristal de una ventana de modo que sus ruidos nos lleguen amortiguados, los movimientos se vuelvan fantasmales y toda ella, pese a la transparencia del vidrio rígido y frío, aparezca como un ser latente del otro lado. O se puede abrir la puerta: Se sale del aislamiento, se profundiza en el ser de afuera, se toma parte y sus pulsaciones son vividas con sentido pleno (...) Del mismo modo, la obra de arte se refleja en la superficie de la consciencia pero permanece más allá de esa superficie; también aquí hay cierto cristal transparente, rígido y frío que hace imposible la relación directa, también aquí existe la posibilidad de penetrar en la obra, participar de ella y vivir sus pulsaciones en sentido pleno». Al abandonar el centro de nuestro particular horizonte, liberada nuestra percepción del «vidrio rígido y frío» de nuestros catalejos, logramos percibir el latir que subyace en cada cromo de nuestro álbum, en cada carta de la baraja; un latir cuyas pulsaciones pueden ser «vividas con sentido pleno» al suspenderse el carnaval de nuestras estructuras mentales que imposibilita «la relación directa».

La atención al todo y a sus partes es probablemente la lección más importante que nos ofrecen las artes en lo que sería un proceso de individuación e integración relativo a nuestra percepción. Toda obra de arte nos brinda la experiencia de percibir la suma de unos elementos integrados en un conjunto, el que constituye la obra en sí. Según Rudolf Arheim: «Aunque todas las cosas de la tierra están organizadas en torno a sus propios centros también están atraídas por la fuerza de la gravedad centrada en medio de nuestro globo terráqueo; encontrar el justo equilibrio entre el centro interno y el externo es una tarea esencial que se refleja en toda composición pictórica», algo que no afecta sólo a la pintura sino también a la música, la arquitectura, la fotografía, la escultura, etc. La Educación Artística que contempla este libro nos lleva a aceptar este hecho y a ponerlo de manifiesto en nuestra percepción y en su correspondiente expresión de nosotros mismos y nuestras vidas. Cada qué y cada quién resulta ser parte de al menos un conjunto de cosas y puede ser percibido de dos maneras, como un elemento integrado en el conjunto del que participa o como un elemento aislado del mismo. Aquí hemos de puntualizar que, a su vez, cada elemento del conjunto es un conjunto de cosas en sí mismo de modo que al percibir algo al margen del conjunto del que forma parte, aislado de éste, lo que hacemos es percibir el conjunto de cosas que ese algo es en sí mismo. En cada qué y cada quién podemos percibir la suma de unos ingredientes y, a su vez, su condición de ingrediente; todo puede observarse como continente y como contenido. Al abandonar el centro de nuestro particular horizonte, desvestidos del yo ante el océano infinito que todos navegamos, podremos observarnos a nosotros mismos de ese modo, como continente y como contenido, y será entonces cuando descubramos que el conjunto de cosas que uno es se corresponde con el conjunto de cosas del que uno participa.

En el cuento taoísta «El arpa domesticada» se narra la historia de un arpa creada con la madera de un árbol mágico por encargo de un emperador. Una vez acabado tan excepcional instrumento se hizo llamar a los mejores músicos con la intención de encontrar a quien lograra domar su sonido; uno tras otro todos fracasaron en el intento hasta que, finalmente, Pai Ya consiguió hacerlo. Entusiasmado y sorprendido, el emperador le preguntó por el secreto de su éxito, a lo que Pai Ya respondió: «Los demás músicos han fracasado porque pretendían cantar solos, yo he dejado al arpa elegir los temas musicales y, mientras pulsaba sus cuerdas, no sabía si el arpa era Pai Ya o Pai Ya era el arpa». De este modo, lo que Pai Ya viene a hacer es conceder a su percepción el escenario de *lo profundamente conocido* posicionándose ante el océano infinito que todos navegamos en vez de ante lo que de mar encierra su particular horizonte. El caso de Pai Ya, al igual que el de Miguel Ángel, viene a poner de manifiesto el modo en que el ambiente objetivo puede ser recibido en nuestro mundo interior como en su propia casa sin necesidad de subjetivarlo, sin necesidad de hacerlo nuestro, particular de cada uno, lo cual convierte al artista en un vehículo o depurado canal para la directa expresión de lo percibido en el escenario de *lo profundamente conocido*. «Con independencia de la forma y el contenido, sean cuales sean, en toda obra de arte puede latir *lo profundamente conocido* hasta el punto de lograr que artista y espectador se diluyan en ella (en la expresión de una suma). En general, como artistas, hablamos de no conceder a nuestra percepción tan sólo el escenario de *lo conocido*; hablamos de abandonar el centro de nuestro particular horizonte y de entregarnos a una percepción más elevada que expresar en una obra de arte, ya sea en un cuadro, en una escultura, en una pieza musical o en nosotros mismos y nuestras vidas.»

En cierta ocasión, un compositor describió el estado ideal para la creación artística como «un estado extático en el que uno siente como si no existiera», un estado en el que «mis manos parecen vacías de mí y no tengo nada que ver con lo que ocurre sino que simplemente contemplo maravillado y respetuoso todo lo que sucede como algo que fluye por sí mismo». Daniel Goleman, en su libro «Inteligencia Emocional», recurre a estas palabras citando a Mihaly Csikszentmihaly, quien denominó a ese estado «de flujo», y compara el caso del compositor con el de una olímpica esquiadora que tras hacerse con la medalla de oro declaró que en su descenso se había sumido en un estado de relajación tal que sólo recordaba la sensación de formar parte de una catarata. «De uno u otro modo, casi todo el mundo ha entrado en alguna ocasión en el estado de flujo, especialmente en aquellos momentos en los que el rendimiento es óptimo o cuando trascendemos nuestros límites anteriores. Tal vez, la experiencia que mejor refleje este estado sea el acto de amor extático, la fusión de dos personas en una unidad fluidamente armoniosa»; esto escribe Goleman y añade: «los momentos de flujo son momentos en los que el ego se halla completamente ausente», una cita que nuevamente guarda entera relación con la experiencia de dejar de ser en *nuestra realidad*, con esa entrega al momento en la que renunciar a *ver dos*, con el hecho de zambullirnos, desvestidos del yo, en el océano infinito que todos navegamos. Por su parte, ese «acto de amor extático, la fusión de dos personas en una unidad fluidamente armoniosa» tiene mucho que ver con la idea de relación de pareja que contempla este libro, entendida como aquélla en la que despierta una especial conexión capaz de trenzar armoniosa y estrechamente la singularidad de dos individuos y de disolverles juntos en la expresión de una suma. Goleman también habla del estado de flujo como el estado de atención, o perceptivo, más adecuado para el aprendizaje, como «una forma más humana, más natural y probablemente más eficaz de poner las emociones al servicio de la educación». En consecuencia, el estado de flujo podría entenderse también como el fundamento de la Educación Artística que contempla este libro, entendida como un proceso de individuación e integración vinculado al que igualmente representa el camino de la acción que constituye la práctica de *ver uno* y, en general, la vida de cada individuo, en relación a «la adaptación de los sentidos a su ambiente objetivo» de la que escribe Hebert Read y a la mutua finalidad que atribuye al arte y a la educación, la de «preservar la totalidad orgánica del hombre y de sus facultades mentales en forma tal que a medida que pasa de la niñez a la edad adulta, del salvajismo a la civilización, conserve sin embargo esa unidad de conciencia que constituye la única fuente de armonía social y de felicidad individual».

En lo que de mar encierra nuestro particular horizonte, lo que el artista convierte en objeto de su obra no es ya el objeto de su percepción sino la percepción que haga o tenga de aquello, una percepción afectada, en ese escenario, por *la experiencia del yo* y *lo conocido*; sin embargo, en el océano infinito que todos navegamos, lo que percibimos resulta ser una expresión en sí misma, *la expresión de la suma* que, en este caso, el artista convierte directamente en el objeto de su obra. La misión que Schumann adjudica al artista es la de «enviar luz a las profundidades del corazón humano», una misión que en este libro sería la de iluminar la lámpara de su percepción con la luz de *lo profundamente conocido* para despertar a esa luz y mostrarla en su obra, ofreciéndonos, como en el caso del yin-yang o la cruz, *la expresión de la suma* en la que reconocernos. De este modo, la obra del artista también se convierte aquí en un espejo ante el que liberar nuestra percepción de la óptica de nuestros catalejos, ante la que pulsar el botón dejar de ser en *nuestra realidad*. En definitiva, la misión que Schumann adjudica al artista consiste en no limitar su vida a lo que de mar encierra su particular horizonte posicionándose también ante el océano infinito que todos navegamos, concediendo a su percepción uno y otro escenario. Y ésta sería también la misión de quien decida asumir la condición de artista que en este libro se atribuye a todo ser humano; básicamente se trata de hacer sitio, en el proceso de individuación e integración que de por sí constituye la propia vida de cada uno, a la Educación Artística que contempla este libro y, con ello, a la experiencia de dejar de ser en *nuestra realidad*, perseverando en esa experiencia dentro del camino de la acción que constituye la práctica de *ver uno*; se trata de despertar a *lo profundamente conocido* y habitar ese despertar perseverando en la observación de nuestras vidas por encima de nosotros mismos.

Si dentro de ese perseverar, de ese proceso que en sí mismo nos hace ser conscientes, suponemos la presencia de un guía o un maestro, de un educador en términos de Educación Artística, nos estaríamos refiriendo a esa observación por encima de nosotros mismos, a nuestra percepción liberada de *la experiencia del yo* y *lo conocido*; a fin de cuentas, a la luz que posibilita dicha percepción, la luz de *lo profundamente conocido*. Al equiparar, por un lado, el amor con esa luz y, por otro, el concepto de «Dios» con el de *lo profundamente conocido*, la sentencia «Dios es amor» encuentra su lugar en este libro y viene a señalar, como nuestro maestro o nuestro educador en términos de Educación Artística, al amor o a Dios en cada uno de nosotros, y en ambos casos me refiero a la luz que ilumina nuestra percepción en el escenario de *lo profundamente conocido*, en el océano infinito que todos navegamos. En la práctica, lo que un maestro o educador espera de su discípulo es el ejercicio de la acción de la que emanan sus enseñanzas y, en este caso, siendo nuestra maestra esa luz, nos referimos a la acción de iluminar con ella la lámpara de nuestra percepción dentro del camino de la acción que constituye la práctica de *ver uno*.

Refirámonos ahora a religión dejando al margen el acontecimiento social que representa, esa marea colectiva en la que se ahoga la experiencia individual que supone despertar a *lo profundamente conocido* y habitar ese despertar. Si al hablar de religión nos referimos solamente a esa experiencia como tal, desligada de esa marea, ciñéndonos a la traducción del verbo «religare» estaríamos hablando de un re-unir que en este libro se debe a un ejercicio de la percepción, el de renunciar a *ver dos*, y a su correspondiente expresión en nosotros mismos y nuestras vidas y, en este sentido, la religión, como experiencia individual vinculada a la percepción y la expresión de una realidad liberada de nuestras estructuras mentales, pasaría a tener un evidente sentido artístico. Si decimos que en el contexto de este libro la misión del artista es, como se ha dicho, la de iluminar la lámpara de su percepción con la luz de *lo profundamente conocido*, el arte, o la creación artística, pasaría a tener un sentido religioso de acuerdo, tan sólo, a la experiencia individual de la que hablamos, la de despertar a *lo profundamente conocido* y habitar ese despertar sin limitar nuestras vidas a lo que mar encierra nuestro particular horizonte.

Ante estas asociaciones es necesaria por parte del lector una interpretación que no abandone el contexto de este libro ni el torrente de ideas y conceptos que nos ha traído hasta aquí, hasta esta página; dicho esto y dando un paso más, cabe decir que la religión podría considerarse una forma de arte, y el arte, una forma de religión, refiriéndonos en ambos casos al ejercicio de la percepción que supone renunciar a *ver dos* y a su correspondiente expresión en nosotros mismos y nuestras vidas; una experiencia que, en cuanto a «renuncia», según Ghandi sería «la forma de religión más elevada». Y por último, dado que en este libro la acción que define al verbo «amar» es precisamente la de renunciar a *ver dos*, podríamos concluir diciendo que el arte, la religión y el amor se diluyen en un mismo cóctel, el que corresponde beber en el camino de la acción que constituye la práctica de *ver uno*, al dejar de ser en *nuestra realidad*, al conceder a nuestra percepción el escenario de *lo profundamente conocido* y zambullirnos, desvestidos del yo, en el océano infinito que todos navegamos.

> «No conozco nada más sagrado que la unión en el arte de espíritus semejantes. En el momento del encuentro, los amantes artísticos se elevan sobre sí mismos. Son uno y otro al mismo tiempo. Quien lo experimenta vislumbra el resplandor del infinito y, libre de las cadenas materiales, su espíritu se mueve con el ritmo natural de las cosas. El arte, así, se identifica con la religión y ennoblece al género humano, convirtiendo al artista en un muñidor de lo sagrado.»
>
> Kakuzo Okakura

Amar es renunciar ver dos, desvestirse del yo y desvestir al otro de la estructura mental que le sostiene en nuestra realidad, suspender en general el carnaval de nuestras estructuras mentales iluminando la lámpara de nuestra percepción con la luz de *lo profundamente conocido* que en este libro se identifica con el amor. En la práctica de *ver uno* se disuelven arte, amor y religión, enmarcando estos tres conceptos en el contexto de la experiencia individual que supone despertar a *lo profundamente conocido* y habitar ese despertar. Amar, renunciar a *ver dos,* una forma de arte y una forma de religión en la que Dios sería *lo profundamente conocido* o, al igual que el amor, la luz de *lo profundamente conocido;* la corriente vida que habitamos y nos habita; la luz que percibir en nosotros mismos y en todo cuanto nos rodea al abandonar el centro de nuestro particular horizonte; lo que cada qué y cada quién es al margen de nuestras estructuras mentales, de *la experiencia del yo*, de *lo conocido.* Tal y como reza el siguiente mantra que escribí hace tiempo, al amar, al renunciar a *ver dos*, los amantes, desvestidos del yo, se entregan a dicha luz, a *la expresión de la suma,* y en ella se reconocen

> Nada es entre tú y yo.
> Todo es entre tú y Dios.
> Dios es entre tú y yo.

El camino de la acción que constituye la práctica de *ver uno* podría compararse a una subterránea y activa cadena de descubrimientos de la que sólo viésemos un eslabón brotando del suelo de nuestra consciencia, el eslabón que cada dejar de ser en *nuestra realidad* arrastra a la superficie, siempre a continuación del anterior y precediendo al siguiente. Una cadena que en sí misma constituiría un solo descubrimiento en el que ahondar o que sacar diariamente a la superficie, el descubrimiento de que la realidad en la que vivimos no es aquélla en la que creemos vivir ocupando el centro de nuestro particular horizonte. A medida que la cadena va presentándonos, uno tras otro, nuevos eslabones, comprendemos que no se trata de apoderarnos de ellos, que lo importante es la cadena y mantenerla en movimiento, perseverando en la experiencia de dejar de ser en *nuestra realidad*, concediendo a nuestra percepción el escenario de *lo profundamente conocido*. Habiendo llegado a esta conclusión, hemos avanzado lo suficiente como para descubrir que no se trata de eso, de avanzar, que no vamos a ningún lado, que «siempre hemos estado donde deberíamos estar», que no hay eslabones ni cadena, que todo está en movimiento y que éste no es fruto de nuestros pasos sino a la inversa, que no nos queda otra que caminar, que la vida va de eso y que podemos hacerlo de dos maneras: Incorporando o no el camino de la acción que constituye la práctica de *ver uno* al proceso de individuación e integración que de por sí constituye la propia vida de cada uno, convirtiendo o no nuestras vidas en un proceso que en sí mismo nos hace ser conscientes; es decir, habitando o no nuestro despertar a *lo profundamente conocido*.

Al hablar del Tao como camino hablamos, en esencia, del camino de la acción que constituye la práctica de *ver uno*; un camino que en cada paso tropieza con su destino; un camino en el que renunciar a *ver dos*, en el que perseverar en esa renuncia. Al hablar de la práctica de *ver uno* entendida como el camino de la acción, hablamos de la corriente de vida que habitamos y nos habita en relación al hecho de experimentarla conscientemente en nuestras vidas; hablamos del proceso que ese camino representa y que en sí mismo nos hace ser conscientes; hablamos de despertar a *lo profundamente conocido* y habitar ese despertar haciendo sitio, en el proceso de individuación e integración que de por sí constituye la propia vida de cada uno, a la Educación Artística que contempla este libro y, con ello, a la experiencia de dejar de ser en *nuestra realidad*; hablamos de asumir nuestra condición de artistas sin limitar nuestras vidas a lo que de mar encierra nuestro particular horizonte, posicionándonos también ante el océano infinito que todos navegamos, concediendo a nuestra percepción el escenario de *lo profundamente conocido*.

Finalmente, no se trata de señalar una isla del tesoro y trazar un rumbo en esa dirección; no se trata de incorporar a nuestras vidas la práctica de *ver uno* en atención a un propósito del yo. Se trata de dar a la vida el sentido artístico que le es propio y concedernos esos momentos sin antes ni después en los que trascender las formas, la escenificación de nuestra exclusiva realidad mental; esos momentos en los que renunciar a *ver dos* dentro del camino de la acción que constituye la práctica de *ver uno;* se trata de regalarnos esos aquí y ahora en los que elevarnos por encima de nosotros mismos y contemplar el océano infinito que todos navegamos sin limitar nuestras vidas a lo que de mar encierra nuestro particular horizonte.

LISTADO DE CONCEPTOS

LO CONOCIDO	LO PROFUNDAMENTE CONOCIDO

LA REALIDAD DE LO CONOCIDO NUESTRA EXCLUSIVA REALIDAD MENTAL NUESTRA REALIDAD LA REALIDAD EN LA QUE CREEMOS VIVIR OCUPANDO EL CENTRO DE NUESTRO PARTICULAR HORIZONTE	LA REALIDAD DE LO PROFUNDAMENTE CONOCIDO. LA REALIDAD EN LA QUE VIVIMOS

LO QUE DE MAR ENCIERRA NUESTRO PARTICULAR HORIZONTE EL ESCENARIO DE LO CONOCIDO	EL OCÉANO INFINITO QUE TODOS NAVEGAMOS EL ESCENARIO DE LO PROFUNDAMENTE CONOCIDO

LO QUE CREEMOS SER OCUPANDO EL CENTRO DE NUESTRO PARTICULAR HORIZONTE	LO QUE SOMOS EN EL OCÉANO INFINITO QUE TODOS NAVEGAMOS

LAS TINIEBLAS DE NUESTRA REALIDAD	LA LUZ DE LO PROFUNDAMENTE CONOCIDO LA LUZ DEL DIAMANTE OCULTO EN EL CORAZÓN DE LA MONTAÑA LA LUZ CON LA QUE ILUMINAR LA LÁMPARA DE NUESTRA PERCEPCIÓN LA LUZ QUE NOS PERMITE VER UNO EL AMOR

LA EXPERIENCIA DEL YO	LA EXPERIENCIA DEL AMOR

VER DOS	VER UNO
	RENUNCIAR A VER DOS
	AMAR

LA EXPRESIÓN DE NUESTRAS ESTRUCTURAS MENTALES	LA EXPRESIÓN DE LA SUMA
	UN LIENZO EN BLANCO
EL CARNAVAL DE NUESTRAS ESTRUCTURAS MENTALES	
EL CARNAVAL QUE NUESTRO LENGUAJE CELEBRA EN LO QUE DE MAR ENCIERRA NUESTRO PARTICULAR HORIZONTE	
EL ACUARIO DE NUESTRA MENTE	

DEJAR DE SER EN NUESTRA REALIDAD

ABANDONAR EL CENTRO DE NUESTRO
PARTICULAR HORIZONTE.

DESVESTIRNOS DEL YO

SUSPENDER EL CARNAVAL DE NUESTRAS
ESTRUCTURAS MENTALES

CONCEDER A NUESTRA PERCEPCIÓN EL ESCENARIO
DE LO PROFUNDAMENTE CONOCIDO

RENUNCIAR A VER DOS, AMAR, VER UNO.

LA PRÁCTICA DE VER UNO

EL CAMINO DE LA ACCIÓN
QUE INCORPORAR A NUESTRAS VIDAS.

PERSEVERAR EN LA EXPERIENCIA DE
DEJAR DE SER EN NUESTRA REALIDAD

HABITAR NUESTRO DESPERTAR
A LO PROFUNDAMENTE CONOCIDO

LIBROS CITADOS

Arheim, Rudolf: *Consideraciones sobre la Educación Artística.* Ed. Paidós. Barcelona, 1989.

Beckett, Samuel: *Sueño con mujeres que ni fu ni fa.* Tusquets Editores. Barcelona, 2011.

Bhagavad-Guita. Ed. Kier. Buenos Aires, 1994.

Brown, Joseph E.: *El legado espiritual del indio americano.* Ediciones de la Traducción Unánime. Barcelona, 1991.

Castaneda, Carlos: *Viaje a Ixtlan.* Fondo de Cultura Económica de España. Madrid, 1976.

De Saint-Exupery, Antoine: *El Principito.* Alianza Editorial. Madrid, 1984.

El Secreto de la Flor de Oro. Versión de Thomas Cleary. Ed. Edaf. Madrid, 1995.

Gandhi: *Mi vida es mi mensaje.* Ed. Sal Terrae. Santander, 2003.

Goleman, Daniel: *Inteligencia Emocional.* Ed. Kairós. Barcelona, 2004.

Huxley, Aldous: *Cielo e Infierno.* Ed. Edhasa. Barcelona, 1977.

Huxley, Aldous: *La Filosofía Perenne.* Ed. Edhasa. Barcelona, 1992.

Huxley, Aldous: *Las puertas de la percepción.*
Ed. Edhasa. Barcelona, 1977.

Kandinsky, Vasili: *De lo espiritual en el arte.*
Ed. Paidós. Barcelona, 1996.

Kandinsky, Vasili: *Punto y línea sobre el plano.*
Ed. Labor. Barcelona, 1991.

Krishnamurti: *La llama de la atención.*
Ed. Edhasa. Barcelona, 1985.

Krishnamurti: *La verdad sin caminos. Antología básica.*
Ed. Edaf. Madrid, 2000.

Los Cuatro Evangelios. Ed. Sal Terrae. Santander, 1952.

Okakura, Kakuzo: *El libro del Té.*
Ediciones Miraguano, Madrid, 1996.

Read, Herbert: *Educación por el arte.*
Ed. Paidós. Barcelona, 1996.

Tàpies, Antoni: *El arte y sus lugares.* Ed. Siruela. Madrid, 1999.

Thich Nhat Hanh: *La esencia del amor.*
Ediciones Oniro, Barcelona, 1999.

Van Lysebeth, André: *Aprendo Yoga.* Ed. Urano. Barcelona, 1985.

Watts, Alan: *El camino del Tao.* Ed. Kairos. Barcelona, 2000.

Wen Tzu. Versión de Thomas Cleary. Ed. Edaf. Madrid, 2001.